漫画心理三国

忠义保前途（下）

向关羽学习跟什么样的领导干

陈禹安——著 苏凝——绘

東方出版社

目录

蛰伏新野

再说曹操，自关羽去后，心情虽然颇为复杂，但他还有一招妙棋尚未出手，心思都放在这项预定计划的具体实施上了。
曹操根据关羽的大致行进速度，估摸着关羽快到东岭关了，当即吩咐人将通关文书给关羽送去。曹操想，传令者单人独骑，速度很快，关羽在东岭关耽搁一两天，传令兵也就赶上了关羽。
通行
等到关羽再向下一站进发的时候，曹操如法炮制，算计好关羽的大致到达时间，然后必定要阻拦耽搁一两天，以增加关羽的行进难度，以彰显恩惠的弥足珍贵。
丞相大恩大德我终生难忘!
关羽哪里知道曹操打的小算盘。他随着孙乾向汝南方向急行。忽听背后马蹄声急，回头一看，烟尘滚滚，却是夏侯惇率领三百多骑，疾奔赶来。
关羽吩咐孙乾保护车仗继续前行，自己勒转马头，直迎夏侯惇。
你来赶我，是让曹丞相背上不够大度的罪名啊?
夏侯惇
关羽这一招是跟张辽学的，当初张辽劝降的时候，屡屡用刘备当筹码来说服自己。夏侯惇对曹操之忠心不下于关羽之于刘备。

但关羽显然没学到家。夏侯惇是不可能对关羽闯关杀将之事置若罔闻的。这是在他地盘上出的事，他必须追究到底。这才是真忠心、真负责的态度及行为。
我的地盘我负责！
丞相至今尚未有明文传报，你一路上杀人闯关，又杀了我的部将秦琪，我怎能放你走路？还不快快下马受擒！
我当初降汉时就说过，我走的时候是不用向丞相禀告的。一路上把守关卡的将校，无事生非，阻拦于我，逼得我大开杀戒，又有什么办法？
夏侯惇不是来和关羽辩论的，蔡阳把外甥托付给他，他不但没照料好，反而被关羽斩了，让他怎么向老朋友交代呢？
我要为秦琪报仇！
通行
不可交战，丞相有公文在此！
关羽正待举刀相迎，忽听背后一骑飞马赶到。原来，这是曹操派出的第一个传令使者。传令兵急急赶到东岭关，不料关羽已经斩将过关。传令兵一路赶了下来，一直赶到黄河岸边，渡河之后，才赶上。

丞相怜爱关将军的忠义之心，唯恐路上关卡拦截，特出此文，派我传达，请放关将军过关！
关羽在路上杀了守关之将，丞相可曾知晓？
这个丞相却不知道。
两人大战二十回合，不分胜负。夏侯惇是曹营中的一流上将，但并非排名第一的猛将。他能和关羽相斗二十回合，不落下风，正好说明了关羽在没有处于“唤起”状态时的真实实力。
不过如此！
如果是这样，我还是得将你拿下，去见丞相！
我要是怕你，就不是男子汉大丈夫！
前面所说的颜良、文丑，如果凭借真实水平和关羽相斗，至少要在一百回合后才能分出胜负，而且，到底谁胜谁负，也还是未知数。
你说咱俩死得多冤吧！

两人正斗之际，又一飞骑来到，喝开二人。这是曹操派出的第二位传令使者，本是预备在洛阳用的，但关羽早已斩将过关，因此一路上追了下来。
通行
使者传令已毕，夏侯惇还是照例发问。
关羽在路上杀了守关之将，丞相可曾知晓？
丞相不知。
既然如此，还是不能放他走人！
不多时，曹操的第三位使者赶到。一路上有五个关卡，曹操是打算用足五个名额的。但当他派出第三个传令兵后，就不再派第四个了。因为关羽一路闯关斩将的消息不断传来。再送通关文书已经没有丝毫的实际意义了。
曹操精心设计的**恩惠拔高**计划全部泡汤。他不怪关羽斩了他的守关大将，却对守关诸将擅自出战极其恼火。正是这些不知好歹的家伙坏了他的大好计划，令他苦心孤诣设计出来的资源转负为正的效果为零。

曹操想起镇守黄河两岸的夏侯惇。如果夏侯惇知道关羽一路斩将，以他的火爆脾气，必然要和关羽拼命！夏侯惇是自己的心腹爱将，如果不幸死在关羽刀下，那损失可就太大了。
如果夏侯惇侥幸杀了关羽，那么关羽这个资源就发挥不了一点价值了。天下人肯定要把责任归到我曹操身上，说我明放暗杀。这样对我声誉极其不利。
曹操立即叫来张辽，命令他火速赶往黄河渡口，不论关羽路上杀了多少人，务必不能让他杀了夏侯惇，也务要让关羽赶快走路，以留日后相见之机。
张辽
你且先放关将军走路，蔡将军那里我自有分说。
夏侯惇和关羽正纷斗不休，张辽赶到。张辽这次传达的命令是很彻底的，也终于为曹操挽回了一些关于关羽的资源价值。但夏侯惇始终想着蔡阳之托，觉得无法交代，依然不肯罢休。
夏侯惇这才吩咐军马撤退。在这一场龙争虎斗中，最值得分析的是夏侯惇对待曹操命令的态度。
令

一般来说，对上级唯命是从是一个模范下级的良好做法。但夏侯惇却要先了解了上级发出该命令时的背景情况，然后再根据这个背景情况，对上级的命令二次判断，绝不盲从。
令
这是非常高明的做法。因为上级和一线之间必然存在着信息不对称。当上级根据不够充分的信息作出判断下了命令后，往往这个命令会存在误差，甚至错误。如果下级机械地加以执行，表面上看是对上级命令的尊重，实际上却是对最后结果的不负责任。
冲啊！
敌
得令！
杀人了吗？
夏侯惇每次都要问清丞相是否知道关羽杀人，是因为根据他对丞相的了解，这是曹操作判断的关键前提。
法官
活关羽和死关羽对曹操来说，资源价值是大不一样的。如果关羽被五关六将中的任何一人生擒，曹操还可以大做文章。反之，如果是五关六将杀了关羽，曹丞相为了平息天下物议，是很可能将杀关羽者军法处置的。
而且，夏侯惇尽管因关羽杀了秦琪非常痛恨，但他始终保持冷静，一直坚持要把关羽生擒，送交丞相处理，而不是像五关六将那样，动不动就要取了关羽的首级去见曹操。
冷静，冲动是魔鬼。

心理感悟：生活经常就同一主题给你上课，直到你再也不会或再也没机会在这一方面犯错误为止。

天明，关羽、孙乾继续赶路，忽见庄主之子与一头裹黄巾、身穿战袍的头领，带着百余人冲过来。
我乃天公将军张角部下大将裴元绍是也！赶快留下赤兔马！
哈哈！无知匹夫！你跟着张角为盗，可曾听说过刘关张兄弟三人的名字吗？
裴元绍一看关羽的体貌特征，当即滚鞍下马，一把揪过庄主之子，拜献于马前。
我自张角死后，无处安身，只好啸聚山林。今早这厮来报，说有一客人骑着一匹千里马，叫我在此等候，抢夺此马。不想却是关爷爷。可将此人杀之，以抵其罪，不干小人的事。
裴元绍把责任推得干干净净。但他这番话却说得关羽很开心。因为曹操埋在他心中的骄傲种子已经开始慢慢萌芽了。关羽依旧放了庄主之子，不加追究，这也是一致性的表现。
我不认识你，你怎么知道我的名号？
附近有座卧牛山，山上有一个关西人，姓周名仓，两臂有千斤之力，勇不可当。他曾在黄巾军张宝部下为将。张宝死后，也是无处安身，只好啸聚山林。他多次向我提起将军您的盛名，只恨没有门路可以投奔！

关羽开心不已。这时，远处一彪人马飞速赶来。为首正是周仓！周仓一看到关羽，立即下马拜伏于地。
周仓
壮士，你从何处认识关某来？
我以前跟随黄巾张宝的时候，曾识尊颜，仰慕已久。今日天赐良机，得以在此结识将军，周仓愿意跟随将军，就是当一个小卒，早晚执鞭随镫，死也甘心，万望将军不弃！
你愿意跟我，可你手下的喽啰怎么处理啊？
听凭他们自愿！愿意跟着的就带走，不愿跟着的自寻出路。
我们愿意跟随。
待我禀告二嫂，再行决定。
想当初，廖化并非黄巾，也是真心要跟随关羽，却被关羽婉言拒绝，而周仓、裴元绍都是货真价实的黄巾，关羽为什么却愿意收留呢？
廖化
周仓

难道关羽对黄巾盗贼的偏见已经消失或转变了吗？**内群体**对**外群体**的偏见不可能无缘无故地消失。只有外群体中的某一个个体通过言行表现出了和其所属群体明显不一样的特性，才有可能扭转别人的偏见。
我要吃草!
在关羽对黄巾的刻板印象中，这些人都是不明礼仪、唯利是图的卑劣之徒。但裴元绍和周仓一见到关羽，立即行礼如仪，拜伏于地，言语中对他十分尊重，令关羽十分受用。
特别是周仓，见面的第一句话就十分坚定地表达了自己愿意跟随的要求。裴元绍在介绍周仓时所采用的**“第三方推崇”**，更是极大地提升了周仓的良好形象。
强烈推荐
关羽这段时间，过五关斩六将，心情极度压抑，即便是一个无名小辈，也只是服从曹操一人，从没有把他放在眼里，这深深地伤害了关羽的自尊心。
切!

而裴、周的这些极显诚意的言行，和五关六将形成了鲜明的对比，让关羽十分受用。同时，也促使关羽将裴元绍和周仓从黄巾盗贼这个低劣的外群体中区隔独立出来。
既然关羽计议已定，为什么又提出要禀告二嫂呢？这里有两个原因。
关羽愿意收留周仓，并询问他手下喽啰何去何从，还有一个现实的需要。关羽要想和刘备大展宏图，必须援用外力。这样，带上周仓、裴元绍及其手下人马，就成了一个最好的选择。
刘
第一，与刘备相见日近，如何解释自己的这一段经历，是离不开二嫂的评定说明的。此刻，孙乾恰好在场，又制造出一种他人在场的评价顾忌。所以，关羽必须表现出对二嫂的足够尊敬。
第二，人都有保持一致性的内在需求。前次关羽拒绝廖化，这次接受周仓，前后有矛盾之处。禀告二嫂，则可以将此决定视为二嫂的意见，由此即可平息关羽自己内心的认知不协调。
听俩嫂嫂的！

关羽以为二嫂必定同意，不过是走个形式而已，却没想到碰了个软钉子。
二叔一路历经险难，也没有需要军马跟从。上次廖化想要跟随，也被你拒绝了。这次如果容许这一大伙为盗者跟随，恐怕惹人议论吧。不过，我二人只是女流之辈，没有见识，大主意还是二叔你自己拿吧。
二位夫人的这番话很有水平。其实，当初廖化来投，二位夫人是持肯定意见的。因为廖化所给的恩惠是直接针对这姐妹二人的。但关羽未经商量就将其拒之门外，令二位夫人心有不满。如果关羽这次还是自作主张，二位夫人也无法干涉。但既然关羽来禀告，她们就借机委婉地表达了自己的不满。
不满
关羽虽然有心收留周仓，但既然二嫂表达了意见，关羽也只好从命了。
嫂嫂说的是。
我周仓曾不幸失身为盗，今天遇见将军，可谓是重见天日。如果今天错过了，日后哪里还有门路得见？既然将军不容许我们全伙跟随，那我就让他们跟随裴元绍，我单身一人跟随您，不管千里万里，也不辞辛苦！
不是我不肯收留你啊。只是二位嫂嫂不同意。这样吧，你们先在山寨中耐心等待，等我寻到兄长后，一定再来找你。

关羽见周仓如此坚决，深受感动，只好又来禀告二嫂。
如果只有一两个人跟随而去，那也没什么不可以的。
周仓为什么能在这么短的时间内，改变二位夫人的意见？前面我们曾经提到非常有用的“登门槛”技巧。而这里却是一个正好相反的“闭门羹”技巧。
“登门槛”是由小渐大、得寸进尺的技巧。而“闭门羹”则恰恰相反，是由大转小，虚大实小，从而得逞的技巧（小——>大；大——>小）。
“闭门羹”技巧，首先提出一个几乎一定会被拒绝的非常大的要求。当然，这个“大”的要求大多只是一个幌子，请求者内心的底线实际上是那个“小”的要求。尽管“大”的要求必然会被拒绝，但拒绝者也会因为这个动作而心中有所愧疚。
借我一万块钱吧。
我哪有呀！
同时，“大”、“小”两个要求之间形成了“知觉对比”效应，由于有“大”在前面做铺垫支撑，“小”就显得微不足道了。这样，被请求者就不好意思再加以拒绝了。如果不使用“闭门羹”技巧，就直接提出“小”的要求，也是不会得到满足的。
那借一千块钱可以吧？
好吧。

有这样一个实验。实验者在一所大学校园的人行道上拦住了一些行人，希望他们能够答应自己的请求，完成一个关于保险方面的调查。

实验者对行人保证，这份调查只需要 15 分钟就可以完成，希望行人能够完成这份简短的调查。

因为大学校园是一个非常繁忙的地方，而关于保险的调查又非常的枯燥，所以不出所料，只有 29% 的人答应了这一请求。

同时，另外一些行人则被作为实施“闭门羹”技巧的目标人群。对于这一部分人，实验者首先要求他们填写一份需要 2 小时才能完成的问卷调查。

被拒绝后，实验者询问这些行人是否至少可以帮助完成一份需要 15 分钟完成的答卷。结果，53% 的受访者接受了这一请求。

周仓并不知晓这个技巧，但因为其坚决和诚意，无意中启动了这个技巧，终于得偿所愿。

心理感悟：给予要以小搏大，索取要以大搏小。

周仓终于如愿以偿。裴元绍却是个没主见的人，初见关羽，并没有想过投靠。现在一见周仓作了决定，也就想跟着一起去。
裴元绍
周仓
算我一个！
这是一种典型的**从众心理**。大多数人都缺乏独立作出判断的勇气，害怕承担独立判断可能带来的不良后果。但一旦有其他个体，特别是在小群体内具有一定权威性的个体作出决定后，人们往往愿意跟随而行。
跟着他走！
在裴元绍心目中，周仓的形象很高大，从而周仓的抉择对裴元绍有很大的影响力。但迫于形势，周仓没法带上裴元绍。
裴元绍
关羽带着周仓继续赶路。遥望远处有一座山城，关羽问询当地人这是什么地方。
这地方叫古城，几个月前有个叫张飞的将军，引数十骑人马到此，赶走县官，在城中招兵买马，聚集了四五千人，远近四处无人可敌！
关羽大喜，失散多时的兄弟竟然近在眼前！当即命令孙乾前去通报。张飞听了孙乾报告，一言不发，立即披挂，手持丈八蛇矛，冲出北门。

关羽见张飞疾驰而来，喜不自胜，立即把刀递给周仓保管，拍马迎将上去。没想到张飞挺着长矛就往关羽心口死命扎来！关羽大惊，急忙躲过。
三弟，你别搞错了，我是你二哥啊！
杀的就是你！你不顾桃园结义的义气，投降了曹操，被封为寿亭侯，大享荣华富贵。今天不是你死，就是我活！
我和你解释不清楚，你自己去问两位嫂子吧！
现在知道“二嫂”的重要作用了吧。今天如果不是“二嫂”的劝解起到了一个缓冲作用，张飞正在气头上，非得把关羽当场戳死！
三叔，你为什么要这样对待二叔啊？
嫂嫂莫怪，等我杀了这个负心背义的奸贼，再请嫂嫂进城。

二叔并不知道你们的下落，不得已才降汉不降曹的。现在知道你大哥在袁绍营中，这才不辞辛苦，千里独行，送我等到此，你不要错怪他了！
大丈夫在世，怎么能够侍奉二主？嫂嫂，你们不要被他的花言巧语哄骗了。
当初二叔在下邳时确实是出于无奈啊。
大丈夫行事，宁死也不能屈膝投降！你既然投降了曹操，今天就没有相见的余地，必然是你死我活！
兄弟，你屈死我了……
一般来说，个体的每一个行为，都可以有两种归因方式。一种是内部的原因导致的，比如个体的性格。另一种是外部的原因导致的，比如说个体所处的环境。
孙乾也来相劝，张飞不理，必要取关羽性命。为什么张飞对关羽不依不饶呢？这并不是张飞不讲道理，而是出于人的一种**基本归因错误**。
让我宰了他！
行为
内部原因
外部原因

当老师发现一名学生成绩下降时，他可能会将原因归结为这个学生缺乏学习动机或自身能力不足（性格归因），也可能会将原因归结为这个学生身体状况出现了问题，或者家庭出现了变故、身边的坏朋友的影响等（情境归因）。
弱智
病重
性格归因
情境归因

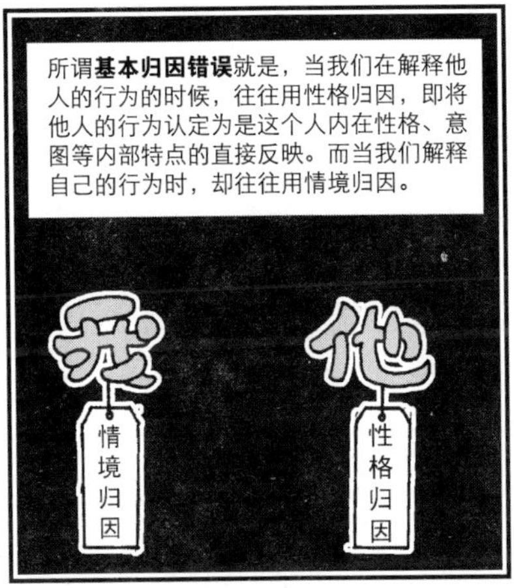
所谓**基本归因错误**就是，当我们在解释他人的行为的时候，往往用性格归因，即将他人的行为认定为是这个人内在性格、意图等内部特点的直接反映。而当我们解释自己的行为时，却往往用情境归因。
我
情境归因
他
性格归因

当别人考试没通过，我们会认为这是他比较蠢笨，或是不够努力（主观因素）。而当自己考试失败时，我们会认为题目出偏了，环境太吵了等（客观因素）。

当别人很穷时，我们认为这是因为他们很懒（主观因素）。当自己很穷时，我们认为这是因为自己没有显赫的家庭背景，没有遇到好的机会等（客观因素）。

当别人爽约未到，我们会认为这个人品性不好、言而无信（主观因素），却不知道他可能在赴约路上遇到车祸（客观因素）……
骗子
出车祸

总之，别人的错误一定是他存心犯的，自己的错误则一定是环境造成的。所以，**基本归因错误**实质上是一种偏见，是一种低估环境对他人行为的影响程度的偏见。
不正直！
性格归因
张飞认定关羽投降曹操是因为他主观上意志薄弱，贪生怕死，经不起诱惑。这是典型的**性格归因**。而关羽则认为自己确实是被逼无奈、迫不得已。这是典型的**情境归因**。
情境归因
张飞只是根据最后的行为结果来判定关羽已经变心了，根本不会考虑关羽的那些内心挣扎与煎熬。既然关羽违背了桃园结义的誓言，那么，嫉恶如仇的张飞势必要将他杀之而后快。
叛徒！
为什么关羽苦苦解释，二嫂、孙乾也在一旁帮腔，张飞却仍然听不进去呢？这又牵涉另外一个概念——**信念固着**。
在关羽投降之初，两位嫂子不也是这样认为的吗？当关羽善意隐瞒刘备的消息，二嫂的第一反应就是让关羽割了她们的脑袋，去尽享荣华富贵。这就是非常有力的一个证明。她们是通过此后对关羽的一系列观察，才最终认定他并没有变心的。

罗斯和安德森在 1982 年的时候，曾经做过一个实验。他们首先给参加实验的被试者灌输了一种错误的信念，然后要求被试者解释为什么这种信念是正确的。
人是由老鼠演变而来的。
最后，研究者告诉被试者真相以便让他们彻底否定最初的那个错误的信念。
其实，人是由类人猿演变而来的！
尽管被试者被告知，最早的那个信念是为了实验而凭空捏造出来的，但只有 25% 的人接受了新的正确的信念，仍然有 75% 的人坚守最初的那个错误信念。
25%
75%
实验结果表明，一旦人们为错误的信息（或判断）建立了理论基础，那么就很难再让他们否定这套错误的信息了。这种现象就叫做**信念固着**。
所以，当张飞犯了大多数人都会犯的**基本归因错误**后，他内心的判断已经固着，任凭你们怎么劝说，都不能改变他最初的判断。

心理感悟：对我们来说，他人的一切理由全都是借口。

不是冤家不聚头！偏偏关羽中途转向，改道汝南寻找刘备。这样，蔡阳就和关羽在古城相会。关羽的真实武功和夏侯惇在伯仲之间，而蔡阳和夏侯惇的功力不相上下。但仇恨最能激发人的斗志。所以，蔡阳此来，关羽相当危险！
兄弟，你看我把来将斩了，以表明我的心迹！
好！我来给你击鼓助威！我这里三通鼓罢，你就必须斩了来将！
关羽急于证明自己的清白，自降曹以来对他的或明或暗的种种负面评价（至亲至爱的结义兄弟张飞的误解最令关羽激愤）顿时喷涌而出！由此，关羽迅即进入他这一生中的第三次高强度“唤起”！
张飞第一通鼓声犹未了，蔡阳已经人头落地！
关羽又拿下蔡阳部下的一个小兵，供张飞询问消息。张飞问罢关羽在许昌的行止，这才相信，与关羽抱头痛哭，尽释前嫌。

张飞拜见过二位嫂嫂，关、张二人护着车仗入城。
忽报城南有数十骑来到，张飞连忙出城探看情况。原来是糜竺、糜芳兄弟二人带了一些人马前来。故人相见，自然是欢声笑语。
糜竺
糜芳
自从徐州失散，我兄弟多方派人打听，知道云长降了曹操……我们遇到一伙客人，说古城有个姓张的将军，如此这般模样，我们料想必是你，故此来投。
二哥护送两位嫂嫂也刚刚到此啊。
兄长未到，难以下箸啊。
汝南离此不远，明日我们一同去迎接玄德公。
糜竺、糜芳顿感纳闷，但素来惧怕张飞，不敢多问，只好回头私下打听。失散之后，又得相聚，众人都喜不自胜，杀猪宰羊，庆贺不已。

但谁也没想到，刘备此时又已经离开汝南，回到袁绍身边去了。刘备本想依靠刘辟、龚都的力量自立，但到了汝南一看，这两个人的实力太薄弱了，一旦得罪袁绍，举兵来攻，必然死无葬身之地。刘备权衡之下，还是回到了冀州。
关羽、孙乾扑了个空，怏怏回到古城。张飞想自己前往冀州接回刘备，但关羽坚持要自己和孙乾去接。
我和孙乾去！
为什么关羽一定要自己前往呢？张飞前番的举动已经给关羽上了一课。在曹营的这一段经历，始终是笼罩在三兄弟心头上的阴影。
虽然好不容易搞定了张飞，但刘备这一关更是逃不过的。所以，就算冀州是龙潭虎穴，关羽也必须亲自前往，表示自己不忘旧义的诚意，以求得刘备的宽谅。
忠
关羽、孙乾上路去接刘备。路上，关羽吩咐周仓去卧牛山找裴元绍，以壮大自己的人马。
招
周仓
到了冀州，关羽和孙乾议定，由孙乾入城去见刘备。关羽则在道旁一座村庄求宿等待。庄主名叫关定，久闻关羽大名，盛情招待。

孙乾进了冀州，秘密来见。
刘备
简雍也在此间投奔袁绍，可以请来暗中商议脱身之计。
好。
孔乾
主公，明日去见袁绍，就说去荆州联系刘表，共破曹操。主公可乘隙而去。
简雍
那么你怎么脱身呢？
主公不必为我操心，我自有办法。
次日，刘备入见袁绍，建议联合刘表，共击曹操。
我以前派人去结好，他好像没有此意啊。
明公放心，刘表是我同宗之兄，我这一去，必然马到成功。
袁绍大喜，欣然应允。忽然又想起一事。
我听说你的兄弟关羽已经离开了曹操，必然是来寻你了。我想把他杀了，以报颜良、文丑之仇。
袁绍帐下文武，听了此话，一阵激动，这才觉得心理有所平衡。刘备却是心中一凉。

心理感悟：开玩笑的水平，往往代表着人际交往能力的水平。

袁绍的谋士不肯站出来说话，简雍就站出来说话了。
主公啊，依我看来，刘备这个人流窜成性，这一走，肯定不会再回来了。
你原来就是跟着刘备混的，对刘备比较了解。你说该怎么办呢？
我有个办法，请让我跟着刘备去。一来可以促成和刘表的联合，二来可以监视刘备，有什么风吹草动，我可以随时向主公汇报。
好！好！
简雍的话之所以对袁绍有着如此大的说服力，是因为他站在了“**相反立场**”。所谓相反立场，就是指说话者话语中所表达出来的立场和自己的利益诉求恰好相反。
这款产品太贵了，不合算！
一般而言，每个人都会为自己的利益而坚守立场。但这样的话语说服力显然不强。但当你的话语并不是代表你自己的利益诉求时，人们会认为你是客观公正，甚至是设身处地为对方考虑的。显然，这样的话语更有说服力。
您用这款就行，跟那款功效一样，但能省很多钱的。

咱们是一边的。
简雍是刘备的老下属，大家很容易判定他和刘备的立场是一致的。但简雍一上来就先揭发刘备，站到了袁绍的立场上了。随后他又主动提出监视刘备行动的建议，更是设身处地为袁绍考虑。这样精妙的招数，袁绍不被说服才怪呢！
简雍喜滋滋地离开，去找刘备。袁绍帐下的郭图看着刘备和简雍玩弄袁绍如同小儿，实在忍不住了。
主公，我看这次刘备和简雍走了，肯定不会回来了。
袁绍白了他一眼，心想：什么不好说，偏偏鹦鹉学舌。你这点水平比简雍差远了。
你不用多疑了，简雍自有主张。
刘备带着简雍、孙乾急速离开，来见关羽。兄弟相见，一切都不需要解释，一切都不需要辩白。眼泪可以洗清所有的委屈，眼泪可以原谅所有的过错。
这次郭图很识相，没有据理力争。他还不想到牢里去和田丰做伴，哼哈几声就退了下去。

庄主关定的次子关平喜爱习武，这次见到了大英雄关羽，早有追随之意。刘备见关平年方十八，气宇轩昂，又和关羽同姓，于是就提议关羽收关平为义子（别忘了外表的吸引力啊）。关定大喜，立即同意。
关平
刘备一行人马，直奔古城而去。行至卧牛山，恰见周仓引数十人带伤而来。关羽急问究竟。
原来裴元绍留守卧牛山，一日见山下一个落单而行的将军，有心抢他的战马。不料却被这个将军一枪刺死，山寨也被其据为己有。周仓奉关羽之命回来招兵，看见此景，心中不服，和那个将军斗了几阵，败下阵来，只好带了几个铁杆的弟兄回转了来，其他弟兄慑于将军之威，都不敢跟从。
关羽大怒，拍马上前。那将纵马下山，刘备一看，认识！此人竟是赵云赵子龙。当下双方握手言欢。
赵云
赵云是河北真定人，原在袁绍麾下效力，因袁绍无能，故而转投公孙瓒。袁绍攻打公孙瓒时，赵云曾与文丑大战数十回合（可见关羽斩了文丑有多幸运），救了公孙瓒一条性命。

后来公孙瓒兵败身亡。袁绍又多次来请赵云，但都被拒绝了。赵云一直对刘备崇敬不已，而刘备也早就挖过公孙瓒的墙脚。只是公孙瓒对赵云非常优厚，赵云不忍无故离去，刘备的墙脚也就没挖成功。
公孙瓒
忠义
谢绝

今天刘备看到赵云飘零一人，真是如同看见天下掉下来一块大馅饼。人们往往羡慕刘备运气好，关、张、赵都是万人敌，别人求都求不来，刘备却得来全不费工夫，而且都对他忠心耿耿。
忠

但运气好只是一方面，如果刘备没有在营造亲密关系上有一套真本领，是不可能让这些叱咤风云的好汉对他忠贞不贰的。

赵云在职业抉择上的做法非常值得推崇。以他的身手，在哪里都能混得不错。当初刘备挖公孙瓒的墙脚，赵云虽然内心倾向于刘备，却依然坚守为公孙瓒效力，直到公孙瓒无可挽回地走向败亡。
优秀员工

赵云的反面就是吕布，同样也是一身好本领，却因为对主人的忠诚度不够，屡屡改变门庭，最终也断送了自己的性命。
都是跳槽惹的祸！
吕布
优秀员工

职业抉择也是承诺的一种，也要遵从**承诺——一致**原理。赵云在这方面的严谨操守令人无可挑剔。关羽将赵云的往事和自己一一比照，内心也不由涌出惭愧之情。
众人一致决定，弃了古城，到汝南与刘辟、龚都会合，以汝南为根据地，再图发展。刘辟、龚都见前度刘郎又重来，实力雄壮，也是欣喜不已。
汝南
刘备众人回到古城。张飞、糜竺、糜芳迎接。刘备看看旧部全部聚集，又新添了赵云、周仓、关平等人，正是苦尽甘来，不由雄心万丈！当下大宴豪饮，尽情祝贺。
再说袁绍，发现刘备果然言而无信，一去不返，觉得自己受了愚弄，不由大怒，当即下令要起兵讨伐。郭图站了出来。
令
上次你确实是提醒过我的。但如果你不识相，要看我笑话，那我立马就拿你的人头祭旗!
袁绍手下的谋士本来都是一个套路的。先是劝谏的话袁绍听不进，然后袁绍吃了亏，谋士就站出来说，你看，我说的话你不听，现在弄成这样了。最典型的代表就是田丰。

心理感悟：正面的门有时候是可以从反面进去的。

但袁绍却得到一个坏消息。东吴孙策暴死，其弟孙权继位。曹操封其为讨虏将军，两家结盟。袁绍大怒，当即召集五十余万兵马，往官渡进发。曹操急忙点兵迎战，但仅有七万人马。
田丰虽在狱中，但犹自上书劝谏袁绍：“今宜守候，以待天时。若妄兴兵，必有大祸。”袁绍早已对其“游击论”处于“**态度免疫**”状态，根本不予采纳。
沮授出于职业忠诚，也拿出“游击论”来劝谏袁绍。袁绍大怒，将沮授也关入大牢。田丰、沮授始终不懂得如何说服，这是谋士最大的失败。
说服学
官渡大捷
此后，袁绍部下许攸降曹，献计烧了袁军粮草。曹操以少胜多，击溃袁绍，史称“官渡之战”。
曹操灭了袁绍后，再来对付刘备。刘备仓皇逃窜至荆州，投奔刘表。刘表遣其在新野县驻扎。建安十二年春，甘夫人诞下了阿斗。刘备终于有了自己的继承人。
有一天，刘备遇到了一个隐居的世外高人——水镜先生司马徽。
司马徽
要想成就霸业，需要有经纶济世之才来辅佐你才行。

唉！我一直是屈身恭己，求贤若渴，您说的这种奇才到哪儿去找呢？
卧龙、凤雏两人，得一可安天下！
现在天下的奇才，都聚集在此地，将军不妨寻而求之。
他们叫什么名字？
这句话可能是史上最具影响力的一句广告词了，言简意赅，却字字重如千钧，而且只刊播一次，绝不重复，强力刺激了潜在顾客的购买欲望。刘备追问究竟，司马徽却再也不肯多说。
这种做法是典型的“**第三方推崇**”，但司马徽的做法又为我们发展出了运用“第三方推崇”时的第一条戒律。那就是“适可而止”。
他的瓜不错。
须知言多必失，物极必反。如果喋喋不休进行推荐，反而令人生疑，这所谓的第三方并不客观中立，而是有着暗中利益关联。这样就会适得其反。
快买吧，她的瓜甜得亚洲第一，世界第二，宇宙第三……
我不买了！

司马徽的“制造悬念、保留悬念”让刘备心痒难搔，反而更增强了推荐的说服力，以及说服的持久性。若非如此，刘备此后怎么可能忍耐心性，顶风冒雪，三顾茅庐呢？
且听下回分解！
一日，刘备在街市上看见一人，葛巾布袍，皂绦乌履，边走边唱：“天地反覆兮，火欲殂；大厦将倾兮，一木难扶。四海有贤兮，欲投明主；圣主搜贤兮，却不知吾。”唱完大笑不已。
单福
此人莫非就是水镜先生所说的卧龙、凤雏？
刘备之所以会这么想，一是源于司马徽的推荐，卧龙、凤雏四个字对刘备而言可谓刻骨铭心；二是刘备在吸纳人才上向来运气极好，多少难得的人才都是主动、自动来投的。所以，惯性思维让刘备觉得是卧龙、凤雏直接来向他表白来了。
招贤
刘备急忙邀其入县衙，问其姓名。那人自称单福。刘备略感失望，但毕竟是贤人来投，必须重视。刘备以宾客之礼待之。
上座
自我推荐总是不及第三方推荐。单福却玩出了自我推荐的新花样，通过狂歌大笑吸引刘备的注意。表面看，这是个巧遇，实际上却是单福的刻意安排。这样做之所以能取得成功，是基于对一个心理学基本规律的反向运用。

“他人在场”对某个个体的外在言行表现的影响我们已经说过。一般来说，当一个人在没有高度利益相关主体在场的时候会比较坦诚地表露自己的真实想法。反之，一旦有高度利益相关者在场，势必会刻意掩饰、隐瞒、篡改自己的真实想法。
单福人为制造了一个没有他人在场的场景。这里面的“他人”特指“刘备”。普通百姓已经成为环境的背景，只有刘备才是目标受众。在单福的精心策划下，刘备必然以为单福是在不知道自己在场的情况下长歌狂笑，其所表达的内容也就真实可信了。
单福确实是来投奔刘备的。他曾经去投奔过刘表，但见刘表徒有其表，就弃之而去。单福因为明主难觅而烦恼，就去请教水镜先生司马徽。
司马徽指点他明主就近在眼前。无巧不成书，这一天正是刘备留宿于水镜先生庄上的那一天。刘备因水镜先生的言语激起了很高的期望，辗转难眠，还偷听了这两人的对话。
单福也是一个杰出的人才，又正在寻找明主。那么，为什么当刘备第二天一早询问昨晚那人是谁的时候，司马徽却没有直接向刘备推荐呢？

心理感悟：“哭、笑、歌、叹”是成本最低的注意力策略。

尽管刘备是司马徽“第三方推崇”的明主，单福却还是心存顾虑。毕竟，乱世之中，明主难辨。所以单福决定必须摸一下刘备的底细。
单福想起了刘备所骑的马——的卢。早已有会相马的人告诉过刘备，这匹马虽是千里之马，但却会妨害主人。
此马妨主。不过，我有一个办法可以禳救。
愿闻其详。
很好办。您先把这匹马找一个亲近的人来骑，待妨害死了那人，您再来骑就没事了。
你初来乍到，不教我如何躬行仁义，却教我损人利己之事。我这里用不着这样的教诲，你还是另谋高就吧。
刘备一直致力于把自己打造成“仁义之主”。所以，就像“忠义”是关羽的标签一样，“仁义”就是刘备的一张标签。刘备的一举一动，都要考虑是否和“仁义”的形象相符，心甘情愿接受“标签约束”。这也是**承诺——一致**原理的隐性表现。
单福哈哈大笑，连声谢罪。对于善于使用身体语言的人来说，“笑”真是一个好工具啊。
我早就听说了使君仁义之名，不敢轻信，今日特意用这句话来试探一下您啊。
忠义
仁义

刘备恍然大悟，宾主再度握手言欢。为什么单福试探出刘备确实是“仁义之主”，就把他当成了明主呢？
对一个领导者的评价至少可从两个方面进行，一个是品德，一个是能力。刘备的品德好，这一点已经无可置疑了。但他的能力显然不怎么样，多年来是屡战屡败。
最佳品德奖
最差能力奖
但从单福的角度来看，刘备的谋划能力差并不要紧，谋士的作用就是弥补主公的不足。而且，谋士还需要具备说服主公的能力。不然，再好的谋划也不会被采用（请参看袁绍帐下谋士的悲惨遭遇）。单福对自己的谋划能力和说服能力很自信。
成绩
基于此，只要刘备在品德上通过测试，就可以将其作为竭力辅佐的主公。单福就此投在刘备门下。刘备拜他为军师，掌管军政大事。
曹操令大将曹仁率领李典及降将吕旷、吕翔驻兵樊城，虎视荆襄。曹仁派二吕前来攻打驻扎新野的刘备。

单福分派兵马迎战，派关羽、张飞各引一军从左右杀出，自己随刘备、赵云居中。刘备三军齐出，将其杀了个措手不及，吕翔、吕旷被张飞、赵云刺杀。曹兵大败。
曹
刘备倍感高兴，犒赏三军。这应该是他第一次在和曹操的交手中取得比较像样的胜利。单福也由此树立了自己的威信。
就实质来看，刘备的这一次胜利，并不能代表刘备一方在单福的调教指挥下取得了质的提升，只不过是一次“**趋均数回归**”罢了。
趋均数回归
尽管单福并非浪得虚名，但他的这一次指挥部署，并没有太高的技术含量。以前刘备自己用兵，一般也是兵分三路的，但基本上没打赢过曹操。
咱俩招数一样！
“**趋均数回归**”是一种统计学现象。以学生的考试成绩为例，由于考试分数部分地受随机影响而波动，所以绝大部分上一次考试得分很高的学生在下一次考试中的分数将会下降。
也就是说，第二次考试的分数是趋向（即回归）于一个平均的数值，而不是将最高值推向更高。反之，在第一次考试中得分最低的学生很可能会提高成绩。
我退步了！
66
78
我进步了！

如果这些得分低的学生在考试后到老师那里寻求帮助，那么，当他的第二次成绩提高后，老师会倾向于将这些学生的成绩提高归功于自己的辅导，尽管辅导实际上并没有起到任何作用。
这都是我辅导的结果，上次你可是得了 50 分的！
这是一条自然运作的铁的规律，当我们处于一个最低水平的时候，任何尝试行为看起来似乎都是有效的。因为我们必然会趋向于我们的平均水平，而不是更差。但我们往往因为不了解或忽视这条统计学规律而形成心理上的错觉，并进而作出错误的判断。
上次是我感冒，根本没发挥好！
曹操的屡次来犯就像是对刘备进行考试。刘备总是不及格。所以，曹操的兵马面对刘备的时候非常有自信，因为胜利几乎是必然的一件事情。
刘备认为是单福的出现改变了这一切。单福就像一个高明的老师，一下子改变了差生的落后面貌。
优秀教师
但自然的铁律是不可违逆的。再差的学生偶尔也会有出色的表现。刘备的这一次胜利，就是差生偶然考出了一次好成绩。对曹操一方来说，这是一个意外；对刘备来说，这却不是一个意外。

但曹仁不这么归因。他认为刘备这个差生绝无可能考出好成绩，一定是二吕轻敌所致。曹仁亲率兵马，布下八门金锁阵，准备踏平新野。
曹
单福指挥得当，诸将信服，三军用命，很快击溃了曹仁自鸣得意的八门金锁阵，并顺势攻下曹仁的据点樊城。樊城县令刘泌也是汉室宗亲，见刘备进城，欣喜出迎。
曹
樊城
刘
刘泌设宴款待刘备。刘备见刘泌的外甥寇封长得一表人才，容貌英俊，十分喜欢（“外表吸引力定律”再度发挥效力），想收其为义子。刘泌大喜，当即令寇封改名刘封，拜刘备为父，拜关羽、张飞为叔。
兄长既然已经有了亲生儿子，何必再收一个干儿子呢？日后一定会有祸乱。
关羽的意思是，我没老婆，收个干儿子是不要紧的。阿斗还在襁褓之中。你现在收了个年长的干儿子，等到你选继承人的时候，虽说干儿子一般没有继承权，但那时刘封势力已成，恐怕阿斗就很难斗得过他了。
刘封
阿斗

心理感悟：当我们为发现了生活的新规律而自鸣得意的时候，规律早已在暗中露出嘲讽之笑。

曹操当下派人依此法行事。徐母到许都后，痛骂曹操，盛赞刘备，不肯写信召回儿子。曹操大怒，要杀徐母，被程昱劝住。程昱骗得徐母笔迹，冒充徐母给徐庶写了一封劝归信。
徐庶思母心切，竟然没有看穿这个圈套。看罢来信，徐庶泪如泉涌，来见刘备。徐庶告诉刘备自己易名的真相，诉说母亲被曹操所困的苦衷，提出暂且告退，日后再会。
刘备的眼泪立刻就下来了。想我刘备，多年来颠沛流离，屡败屡战，今得徐庶，终于可以扬眉吐气直面曹贼了，没想到曹操又出了这样的损招！
想是这么想，但话不能这么说。别忘了刘备苦苦维持的“标签约束”。
母子之道不可违。你今天千万别以刘备为念，赶快去见母亲大人吧。
徐庶深为感动，立即就要出发。
刘备福浅，不能久留先生。先生千万再留一宿，来日再去。
刘备为什么还要留他一宿呢？因为有些非常重要的问题，刘备还没想清楚该怎么办。徐庶一去，刘备如断臂膀。最关键的是，徐庶可是去最可怕的竞争对手——曹操那里。徐庶已经摸清了刘备家底，如果反戈一击，刘备势必死无葬身之地。

刘备与徐庶饮酒到半夜，相对而泣。
老母被囚，即使是金波玉液，我也难以下咽啊！
先生一走，我如失左右手，即使是龙肝凤髓，也没有滋味啊！
次日，长亭话别，依依不舍。刘备终于把想了一宿的话说了出来。
只恨刘备福分浅薄，不能与先生长守，听从你的教诲。希望先生能好好侍奉新主，以全孝道。
而且，离别之际，这其中的尴尬纠葛是双方应该尽量避免的话题。但刘备通过宽容的祝福形式表达出来，就显得他是没有一丝一毫为自己着想，而是全心全意站在对方立场上来衡量得失利弊。人非草木，怎能不为此感动？这也就成了一个无中生有但却巨大无比的恩惠。
刘备的这一番话，乃是对**互惠原理**最精妙运用！属于无中生有、绝地反击的技巧。徐庶即去，刘备对其也就没有任何约束力。而且，徐庶为新主效力也是理所当然。刘备本不可能以此为基对徐庶施加任何恩惠。
恩惠
大鹏展翅
这一幕，在恋人分手的时候也经常看见。依然深爱对方的那一个，往往会强忍悲痛，为对方的离去祝福。表面是祝福，实质是在挽留。
徐庶蒙使君信任重用，今天不幸半道而别，实在是因为母亲之故。我到了曹营之后，无论曹操怎样对我，我终身不设一谋！

这是徐庶在互惠原理作用下的承诺。徐庶用他最坚决的意志，在最险恶的环境下，毫无瑕疵地兑现了这一承诺！由此也有了“徐庶进曹营——一言不发”这样一句歇后语。
世界上有一些东西，不是靠物质就能诱惑的。刘备明白这一点，不知道曹操会不会明白这一点？刘备送了一程，又送一程，泪如雨下，拉住徐庶的手不肯放开。徐庶强忍眼泪，转身而去。
刘备立马于林畔，看着徐庶纵马而去，不由放声大哭。这一刻，和曹操目送关羽离去的内心伤感，又是何等的相似啊。
刘备久久望着，不肯转身离去。正望之间，徐庶拍马往回疾驰而来。眼泪是最容易创造奇迹的武器。这一瞬间，刘备以为奇迹真的发生了。
元直，你难道不走了？！
徐庶不是不走了，而是刘备的施惠策略起了重要作用，令徐庶深感无以为报，于是就想到了一个回报的办法。
我担心母亲安危，心乱如麻，竟然忘了一件大事，没有告诉主公。

心理感悟：　太容易得到的东西，是不会太珍惜的。
太珍惜的东西，却太容易失去。

徐庶风尘仆仆赶到许都，却被母亲劈头一顿痛骂。徐庶伏于地，不敢仰视。徐母自转入后堂。少时，从人来报，徐母已经自缢身亡。徐庶哭绝于地。
徐庶万念俱灰，恨极曹操，果然信守前诺，终身不设一谋。后来蒙凤雏先生庞统赐教，从曹营脱身。一代奇才，就此不知所终。
这边刘备正在着手准备礼物，要到隆中去见诸葛亮。水镜先生司马徽登门来访。刘备向司马徽询问诸葛亮的详情。司马徽就讲了诸葛亮的一件轶事。
司马徽
诸葛亮居于隆中，每每把自己比作管仲、乐毅，他的才能真是不可估量啊。
诸葛亮和崔州平、石广元、孟公威、徐庶等人是好朋友。有一次，诸葛亮对他们说：“你们四个人的才学，如果入仕，可以当到刺史、郡守的职位。”这四个人问诸葛亮的志向是成为什么，他却笑而不答。
诸葛亮
崔州平
石广元
孟公威
徐庶
这个诸葛亮如此狂妄，也许只是浪得虚名、胡吹一气！
管仲辅佐齐桓公，成就了春秋第一霸的伟业。乐毅则凭借一己之力，攻下了齐国七十余城，挽燕国于既倒。这两个人都是成就了惊天动地的伟业，诸葛亮凭什么能跟他们相提并论呢？

依我看来，管仲、乐毅根本比不上他！也只有打造周朝八百年江山的姜子牙和兴旺汉朝四百年江山的张良能和他相比啊！
关羽更加不悦。先前徐庶推荐诸葛亮的时候也曾经说过类似的话。但出于当时的特殊情境，关羽也没有多少反应。这次再从司马徽的嘴中说出来，关羽觉得分外的刺耳。
刘备已经反复听到第三方对诸葛亮的高度推崇了。第一次，司马徽通过一句“卧龙、凤雏两人，得一可安天下”点到为止的推荐让刘备心理形成了强烈的预期，令刘备心潮涌动。
天下
第二次，徐庶用自己的行动证明了得力谋士对于战胜曹操的重要性和必要性，又推荐了胜过自己百倍的诸葛亮。徐庶能够战胜曹兵，胜他百倍的诸葛亮当然更能战而胜之了。这是一个简单的对比推理。
第三次，司马徽亲临指导。这一次却再也不遮遮掩掩，而是高度评价了诸葛亮，和前一次的推崇形成了叠加效应。
当世奇才
天下第一

心理感悟：我们往往把对别人的赞赏和褒奖看做是对自己的贬低和惩罚。

诸葛亮是个超级贤能之士已经成为刘备脑海中的刻板印象了，刘备恨不得立即见到他。于是，刘关张兄弟三人踏上了寻访诸葛亮的行程。
访贤
隆中
刘备等寻访至卧龙岗，来到诸葛亮茅庐前。刘备轻叩柴门。一个小书童出来应门。
汉左将军、宜城亭侯、领豫州牧、见屯新野皇叔刘备，特来拜见先生。
刘备自以为说话很得体了，这么一个地位尊贵的人亲自上门来拜见先生，应该是够礼数了吧。前面说过，头衔在社会交往中的作用是非常大的，可以有效提升自己的地位和权威感，也便于对方快速进行识别。
刘备的这一大串头衔，大部分早已徒具虚名，他现在充其量不过是刘表手下的一个新野县令罢了。但他依然一字不落将自己曾经拥有的头衔全部报出，可见尽管刘备如今地位卑微，但内心中还是充满着对过去美好时光的深深眷恋。
这些我也吃过。
不好意思，我记不得这许多名字。

现实中，也有很多人的名片上印着黑压压的一大批头衔，其心理和刘备有类似之处。只是没有这样一个小书童童言无忌，一语刺破罢了。
刘备脸上一红，从一个极端走到了另一个极端，说了最精炼的六个字。
新野刘备来访。
和简单的人说话，没必要太复杂。否则，就背离了沟通的基本目的了。刘备适时做了调整，接下来和书童的对话就非常流畅了。
不好意思，先生没在家，今早出门了。
到哪里去了?
不知道，先生向来踪迹不定。
什么时候回来?
说不准。也许三五日，也许十数天。

刘备还在恋恋不舍间，旁边的张老三不耐烦了。他本来就对诸葛亮没感觉，只是出于兄弟之情，不得不陪同刘备前来。
既然不在，我们不回去还待着干吗？
是啊，大哥，我们还是先回去吧。回头派个人打听，啥时候诸葛亮回家来了，我们再过来也不迟嘛。
刘备无奈，同关张二人怏怏而归。
时光荏苒，转眼已是隆冬。刘备派人打听到诸葛先生已在家中，立即叫上二弟，准备前往。
诸葛亮不过是一个村夫罢了。大哥何必一去再去？派个人把他叫来不就行了。
你从来不读书，根本不知道道理。诸葛亮是个大贤人，怎么能招之即来，挥之即去呢？
刘备斥骂张飞，关羽本想帮腔，但一想，自己和张飞比，算是读书的，也就不好意思顶刘备了。

这一天天气严寒，三人顶风冒雪上路。
天寒地冻，连打仗都要停战，干吗跑这么远来见这么个没用之人？！
兄弟，你不知道，天气恶劣，正好可以体现我的诚意啊。如果你怕冷，就先回去吧。我自己一个人去。
我死都不怕，怎么会怕冷呢？我只是担心哥哥空劳费神啊。嘿嘿！
刘备来到诸葛亮门前，一打听，诸葛先生确实是在的，不过是诸葛小先生——诸葛亮的弟弟诸葛均。
我兄长前两天出去闲游去了。
到哪里闲游去了？
或驾小舟游于江湖之中，或访僧道于山岭之上，或寻朋友于村僻之侧，或乐琴棋于洞府之内，往来莫测，不知去向。

刘备听得心灰意冷，张飞又催着赶快回去。关羽心中也已经极其不耐。刘备只好留下书信一封，怏怏而归。
转眼已到新春。刘备又动了寻访诸葛亮的念头。这一次，他不再盲目前往了，而是请算卦先生占卜，择了一个吉日，斋戒三日，沐浴更衣，再行前往。
一个人在面对不确定的未来的时候，往往会选择神秘力量的指引。刘备在寻访诸葛亮一事上已经欲罢不能，势必还将投入更大的心力。
加大赌注！
当刘备将这件事情神圣化后，关羽、张飞可就不干了。
诸葛亮一定是徒有虚名，并无真才实学，所以，故弄玄虚，避而不见。兄长不要苦苦坚持了。
兄长，你以皇叔之尊，已经亲自前往两次了。这样的礼遇已经很过分了。
兄弟，你读过《春秋》，难道不知道齐桓公为了见东郭的一个农民，去了五次才见到？齐桓公身为一方诸侯，为了见一个普通农民，都能去五次，我为了见到大贤诸葛亮，难道就不应该吗？

大哥，你搞错了吧。何必要把这个山野村夫当成大贤人呢？这次不须劳动兄长大驾了。我去把他绑来见你！
一派胡言！难道你没听说过周文王去渭水边拜谒姜太公？姜太公根本不理不顾周文王，周文王就在他身后侍立，一直到太阳下山。姜太公这才和周文王说话，周朝这才有八百年的江山。周文王如此敬贤，我怎能不学？你如此无礼，这次你就不用去了！
关张二人无奈，只得陪同前往。三人来到诸葛亮门前。书童开门，刘备求见。
先生睡早觉还没有起床呢。
不要惊醒先生，我等在此等候。
刘备吩咐关张在门外等候，自己站在阶下侍立。这每一分钟的等待，刘备都是美滋滋的。因为有周文王的榜样示范，刘备甚至觉得自己等得越久，自己日后的江山运祚也就越绵长。
但关羽、张飞可不这么想。两人等了良久，还不见动静。张飞大怒，要去诸葛亮门后放把火。关羽虽然深恨诸葛亮装腔作势，但毕竟比张飞沉稳，急忙劝住张飞。

却说刘备一直等候，见诸葛亮高卧床上，翻个了身，看看将起，又朝里壁睡去。书童正要叫醒，刘备急忙叫停，兀自等候。
刘备又站了两个时辰，毕竟是五十开外的人了，浑身倦困，强行支撑。这时诸葛亮忽然醒了，醒了也不起床，先是吟了一首诗。
大梦谁先觉?平生我自知。草堂春睡足，窗外日迟迟。
书童急报，诸葛亮明忙道：“哎呀，为什么不早点通报啊。”当即入内洗漱更衣后，出外相见。
刘备见诸葛亮身长八尺，面如冠玉，头戴纶巾，身披鹤氅，飘飘然有神仙之概，不由折服下拜。（屡试不爽的外表吸引力法则再度现身！）
刘备、诸葛亮的这一番相见，史称“隆中对”。刘备折节下问，诸葛亮侃侃而谈。龙虎风云际会，成就三分天下。刘备唤入关张相见。关羽一见诸葛亮，心中的不悦更为加深。

心理感悟：骄傲会产生同性相斥的磁场。

诸葛亮之所以要设计“三顾茅庐”，是为了建立威信。他的能力毕竟还只是停留在口头传播上，并没有实际业绩。以这样的身份去统帅一帮老江湖，是很难服众的。如果部属等着看自己笑话，那么天大的能耐也施展不开。
威信
所以，诸葛亮必须增加刘备得到自己的难度。一般来说，越是不容易得到的东西，越是会被珍惜。刘备付出了这么多的心力才得到了诸葛亮，当然会他对加以重用。
诸葛亮只有借助刘备的权威和支持，迅速建立起自己的威信，才有可能在刘备营中立足，进而施展抱负。
另外，这也是诸葛亮对刘备的一种考验甄别。如果刘备只是附庸风雅，实际并不尊重谋士，那么诸葛亮稍加为难，刘备就会知难而退。这样的主公也就不值得投靠了。
诸葛亮随刘备来到新野，刘备对他非常尊敬。为了让诸葛亮对自己死心塌地，刘备又拿出独门绝技——食则同器，寝则同床。前面曾说过，刘备这一招对于营建亲密关系的有效性。诸葛亮也不能“幸免”。两人自然是情好日密。

起床啦！
这样一来，关羽就不舒服了。食则同器，寝则同床，本来是关羽、张飞的专利。自从徐州失散之后，这套做法自动作废了。没想到诸葛亮一来，刘备把这套做法又拿了出来。
关羽在曹营时，曹操奉其为麾下第一人，而当他千辛万苦回到刘备身边，却发现自己的地位直线下降。两相比较，关羽非常失落。
刘
曹
关羽和刘备几十年的感情，关羽再有意见，也不能冲着刘备去。既然是诸葛亮取代了自己原本不可替代的地位，关羽自然也就把矛头对准了诸葛亮。
交地位不杀！
关羽对诸葛亮的成见就此产生，经久不散。对关羽的微妙情绪诸葛亮心知肚明。刘备阵营中的第一谋士和第一武将之间的芥蒂，对这个组织来说，是一种致命的伤害。如果两人能互相理解、互相妥协，那么改善双方的对立关系也不是不可能的事。
我先！
我先！
但问题是，这两个人都是非常骄傲的人，谁也不肯先低头。关羽就等着看诸葛亮的笑话。而诸葛亮则又太过自信，他自信能用智谋，把握主动，处理好双方的关系（这似乎有点盲目乐观的味道）。

再说曹操，以为得了徐庶，刘备也就折腾不出什么花样了。没想到，刘备又得了诸葛亮，操兵演练。曹操最放心不下的就是刘备，当即派夏侯惇率兵十万，杀奔新野。
曹
刘备闻报，召集关张商议应对。
机会来了。这次就等着看诸葛亮的好戏了。
夏侯惇领兵十万，前来攻打，请军师出谋划策。
你这不是坑我吗！我好不容易请了你出山，又强压着两位兄弟的反对意见。你这样说，不是太掉链子了吗？！
不好意思，我没有办法。
不是我没有本事，只是担心你的两位兄弟不服气。如果要我来行兵布阵，就必须给我剑印，违令者不管是谁，斩立决！
落花流“水”看不成了！

刘备立即将剑印交给诸葛亮。诸葛亮开始了平生第一次布阵行兵。夏侯惇领兵十万，刘备只有数千人马。敌我力量悬殊，但事关诸葛亮威信的建立，他只能胜，不能败！
我们都出去迎战，那你干什么呢？
诸葛亮派关羽、张飞各带一千五百人马，在博望坡埋伏，只待南面火起，就出来厮杀。派关平、刘封领五百人马，专门放火。派赵云居中迎敌，许败不许胜，诱敌进入包围圈。
我独自镇守县城。
你倒挺滑头的。我们都在前面卖力厮杀，你一个人躲在家里享受。这是什么道理？
诸葛亮知道，此时自己的威信还没有建立起来，是不可能和他们讲道理的。于是，指了指剑印，诸葛亮的意思很明白，没什么好说的，你就得听我的。
剑印在此！违令者必斩！
作为刚刚上任的领导者，第一次和下属的心理交锋是很重要的。如果诸葛亮一开始就硬气不起来，以后也就没机会硬气起来了。
男科

心理感悟：树立权威的第一次机会同时也是最后一次机会。

曹操得知夏侯惇的败讯，极为震惊。曹操打听明白，刘备帐中又新来一个诸葛军师。正是此人神奇用兵，击败了夏侯惇。曹操决定亲自出征，起兵五十万，兵分五队，直逼新野。
曹
其间刘表病死，幼子刘琮继位，长子刘琦避祸远走江夏。曹操大军来袭，刘琮将荆襄九郡拱手献于曹操。
刘琮
新野乃弹丸之地，诸葛亮即使有通天之能，也无法保全，但为了确保自己初步建立起来的威信不致迅速丧失，还是使出火烧新野、决水白河之计，妙用“火”、“水”两种资源，将曹兵第一队曹仁杀得大败。
曹仁
刘备因此获得短暂的喘息时间。但刘备不肯放弃“仁义”的标签约束，带了新野、樊城两城十数万百姓，撤向江夏。一路上挈妇将雏，行动缓慢，转眼间就被曹操骑兵赶上，伤亡惨重。
这一次，保护刘备家小的任务落到了赵云头上。这是一项极有难度的任务。此前张飞承担过这一任务，刘备家小为吕布所擒；关羽承担过这一任务，为曹操所擒。而赵云此次任务还因为增加了继承人阿斗更显沉重。
这次看你的啦！

刘备全军在长坂坡被曹兵铁骑冲散。赵云也丢失了刘备家小。赵云正冲杀间，看见简雍侧卧在草间。
看见二位夫人了吗？
二位夫人弃了车仗，抱着阿斗，走路而逃。我被曹兵刺伤，落在此处，实在不知她们的去向。
赵云斩杀曹兵，抢了一马，叫简雍自行逃回，自己直奔长坂坡杀去。
我就是上天入地，也要救回二位夫人。如果寻不见，就死在沙场了。
小兵告诉赵云，二位夫人披头散发，光着脚丫，跟着一伙百姓往南面去了。赵云急往南赶。追上一伙百姓。在百姓中寻见甘夫人，但糜夫人和阿斗却不知去向。
此时，正好一彪曹兵押解糜竺经过。赵云刺杀曹将，夺了二马，让甘夫人和糜竺骑着，赵云护送至长坂桥处，并向在此断后把守的张飞简短述过缘由。
你一定要找到我的另一位嫂嫂和我侄儿呀！
我去也！
赵云拨马再冲长坂坡，去寻找糜夫人和阿斗，一路上来回冲杀，但逢百姓，便问糜夫人消息。
夫人抱着孩儿，左腿中了一枪，走不动路，在前面墙缺内坐着呢。

赵云急忙来寻。糜夫人正抱着阿斗，坐在一处被火烧坏的矮墙边痛哭。赵云慌忙下马入见。
望赵将军可怜他父亲飘零半世，只有这点骨肉。将军一定要护持此子，教他得见父面。我也就死而无憾了。
夫人受难，是我之罪。请夫人上马，赵云步行护送，必当死战，以保平安。
将军如果舍弃此马，这个孩子也就没命了。我已经身负重伤，死了又有什么可惜的呢？请将军速抱此子，不要管我了。
赵云哪里肯听，只是请夫人赶快上马。糜夫人不听，将阿斗放于地上，自投枯井而死。
这个饱经忧患的女人，自跟了刘备，从未享受过一日平安快乐。尽管刘备一直没把她当回事，但在生死关头，她还是放弃了自己生的希望，把机会留给了刘备的继承人，为刘备作出了最后的一点贡献。这是一个伟大的女人，值得钦佩。

赵云唯恐曹兵毁尸，推倒土墙，掩上枯井，将阿斗放入怀中，一路拼杀，四方寻路，前后枪刺剑砍，共斩杀曹营大将五十多人，终于将阿斗平安救回刘备身边。
血迹斑斑
赵云完成了一项不可能的任务，也凭借此役名扬天下，获得了“子龙一身是胆”的高度评价。他为什么能做到这一点呢？是什么样的心理机制，让赵云具备了如此充足的心理能量，在长坂坡杀进杀出，毫无惧色呢？
一身是胆
这实际上是一个责任的明确与激发的问题。我们往往感叹这世界上真正有责任感，能够不畏艰险、勇敢担当的人少之又少，但却不知道，问题并不仅仅出在他人身上。在我们的群体生活中，存在着一种“**社会懈怠**”的现象。
在大家为了一个共同目标而努力的过程中，如果每一个个体的努力无法被单独评价衡量的话，就会出现“搭便车”的现象。每个人都寄希望于别人的更多付出，而自己只需装装样子，坐享其成就可以了。
拉坦·威廉姆斯和哈金斯等人研究发现，六个人一起尽全力叫喊或鼓掌所发出的喧闹声还没有一个人单独所发出的喧闹声的三倍响。

这就是社会懈怠。也就是说，当某一件事人人有责，等于是说人人无责。在赵云这件事情上，责任始终是明确的，保护夫人和小主人平安就是赵云的责任，没有任何可以推卸的他人。这是一个极其重要的前提。
你去扶。
这样的责任分工在一般的情况下是适用的。但在长坂坡这样的特殊情况下，还是不够的。赵云并不怕死。在那样艰险绝难的境况下，赵云作出赴死的决定要比求活容易得多。
曹军铁蹄肆虐，赵云无法完成保护任务，按他最初的想法，救回夫人和小主人希望不大，他已为战死沙场，以回报刘备的知遇之恩做好了思想准备了。赵云若死，也不会有人对他作出任何负面的评价。但他要想找到并救回已经被冲散的夫人和小主人，难度可就大多了。
尤其是糜夫人投井赴死前所交托的一番话，更明确无误地指示赵云一定要将阿斗活着送回刘备身边！绝对不要小看了这些有着明确指向的示意！一个人只有被推到绝对无可退让的悬崖边上才会最大限度地激发出责任感和斗志！
是什么激发赵云放弃赴死，定要救回夫人和小主人呢？是他一路上所受到的明确指引！从小兵，到守桥的张飞，都一再明确地向他发出了救回夫人和阿斗的信号！
救幼主！

罗伯特·西奥迪尼教授曾经遇到过一次严重的车祸。西奥迪尼脑后流血，摇摇晃晃想要站起来。

很多车子从旁边慢慢开过去，司机们目瞪口呆地看着他，却没有人主动停下来提供帮助。

西奥迪尼立即发出了明确的指令。他首先指着一辆车的司机喊：

这些司机在得到明确的指示后，尽管从法律上来说，他们并没有提供帮助的义务，但他们立即行动，没有丝毫延误，从而为事故的处理抢回了足够的时间。（记住，这也是你遭遇紧急状况时保命的第一法宝！）

当责任主体和责任内容不确定的时候，任何一个人都做不到竭尽全力。在紧急状况下，只有多次明确责任主体，重复责任内容，才可能激发出责任者的潜能，以充足的心理能量去迎接最不可思议的挑战！是赵云出于责任感的高度激发，才完成这一救主壮举的。

心理感悟：“责任”若无“明确”伴行，必将一事无成。

转战荆南

曹操击溃刘备，想要一举征服东吴。东吴孙权继位不久，毫无战争经验，一时慌了手脚。手下文武，分成战和两派，争执不下。孙权浑没主意。
降！
孙权
战！
诸葛亮赶赴东吴，以三寸不烂之舌说动孙权，孙刘联手抗曹。诸葛亮也暂留东吴，协助周瑜出谋划策。诸葛亮多次贡献奇谋，引起了周瑜的嫉妒之心。
诸葛亮
周瑜
嫉妒就是对他人的先天条件及后天成就与自我进行对比后产生的一种认知不协调。嫉妒的产生是源于“**自我服务偏见**”。
自我服务偏见——→嫉妒
前面已经说过，“自我服务偏见”的具体表现是“人人高于平均水平”，这是就整体而言的。对某一个特定的个体来说，“人人高于平均水平”就是“自己高于平均水平”了。
对某些明显表现出比较优势的个体来说，“自己高于平均水平”就会非常自然地逐渐演化为“老子天下第一”。活在这种美好幻觉之中，心情当然很爽。
天下第一

一旦发现竟然还有人强过自己时，就会造成内心的认知不协调，就会用“不相信”来调节内心的不平衡。但对方如果继续保持良好的表现，就只能“不得不相信”。
天下第一
这是非常痛苦的。如果不加以协调，是无法达致内心平衡的。从而，“**基本归因错误**”就登场了。这是通过把他人的优异表现归结于身世显赫、容貌出众、运气奇佳等外部不可控因素，而把自己的成就归结为自身努力、自我奋斗以取得平衡感。
他那座山好爬！
但如果这一招还不能解决问题，内心的心理机制就会出现两极分化。一种是将其他个体神化，将其排除出“人类”的范畴，和自己区别开来。这样一想，也就心安理得接受别人比自己优秀的现实了。
他是飞上来的神仙！
另外一种则是嫉妒。嫉妒就是要通过种种贬损手段来弱化、否定他人的优秀表现，来达致自己内心的平衡。嫉妒到极点，甚至会以消灭他人来满足自己。
鲁肃
面对同一个足智多谋的诸葛亮，鲁肃表现出了崇拜，周瑜表现出了嫉妒。崇拜往往是两个个体相差实在太远造成的，而嫉妒则在两个个体差距不是很大的情况下产生。
1
2
3

嫉妒就像一颗恶毒的种子，往往会结出令人匪夷所思的恶毒的果实。一个雄才大略、足智多谋的人当然是善于给他人制造嫉妒的，但如果其不能很好地消除嫉妒、应对嫉妒，那么必定会死于嫉妒。

刘备思念诸葛亮，遣麋竺以犒劳友军的名义去探问消息。麋竺向周瑜提出要见诸葛亮，周瑜以军务繁忙为由婉言谢绝的同时，也想借机打击诸葛亮。

按照**互惠原理**，刘备派遣使者前来慰问，周瑜应该进行回访。而且，刘备的地位与周瑜的上司孙权相当，高过周瑜，周瑜亲自回访才算得上是符合礼数。但周瑜竟然提出请刘备亲自前来会晤，一般而言，这是不符合情理的。但在这个特殊的时候，倒也合情合理。

周瑜的这一招叫做“找借口”，是反制**“互惠原理”**的另一种好方法。周瑜假借大敌当前，不可擅离，来为自己提供支撑。孙刘既然联手，目标就是一致的，当前要务就是抗击曹操。以此为出发点，提出的一切要求都是合理的。

周瑜的想法是杀了刘备，让诸葛亮无主可投。当前正是孙刘双方开展战略合作的紧要关头，周瑜应该是与刘备同心协力，一致抗曹的，为什么会有这种不识大体、不符形势的想法呢？

这次合作，表面上是孙刘两大集团联合，实际上却是一个人和一个集团的联合。这个人就是诸葛亮，这个集团就是东吴。刘备刚刚被曹操击溃，即使加上刘琦的人马，也不过数万，根本不具备和孙权谈合作的基本前提。
刘备这边出力的只有跨江而来的诸葛亮一人。周瑜并非傻子，这其中的轻重缓急看得很清楚。杀了刘备，对所谓的“孙刘联合抗曹”基本没什么影响，或者说影响不会太大。
孙
刘
但对诸葛亮来说，情况就不妙了。一旦刘备被杀，诸葛亮的处境就非常尴尬。再好的谋士也是需要有一个平台的。所以，周瑜明着是要杀刘备，暗着是要害诸葛亮。
鲁肃是个忠厚软弱之人，当他得知周瑜要暗害刘备的想法之后对周瑜进行了劝阻，但无济于事。周瑜和部下约定，埋伏下五十名刀斧手，刘备一至，只等他摔杯为号，就出来将刘备斩为肉酱。
刘备听了糜竺汇报，立即准备赴会。刘备唯恐诸葛亮立场不坚，见了家底殷实的孙大户“弃暗投明”，也唯恐孙权着意拉拢，挖了自己墙脚。诸葛亮之兄诸葛瑾正在孙权手下效力，兄弟之情也是孙权可利用的手段。种种因素，让刘备恨不得立即将诸葛亮带回身边。

关羽却唯恐怕其中有诈。经历是一种非常有用的资源。关羽过五关的时候，就差点吃了卞喜的苦头，所以他第一反应就是“其中有诈”。但刘备去意甚坚。
经历也会带给人信心。关羽决定陪兄长一起去。经过卞喜“调教”，关羽掌握了赴“恶宴”的应对技巧。其关键就是控制住“宴主”，只要不让“宴主”脱身，必保平安。
关羽扮成刘备贴身亲随，另带随从二十余人，随刘备飞舟赴会。
刘
周瑜大喜，宾主把酒言欢，酒酣之际，周瑜正要摔杯，猛然瞥见刘备身后站着一个红脸大汉，面目威严，全神戒备。
这是何人?
这是我二弟关羽关云长啊。
周瑜顿时惊出一身冷汗，庆幸没有摔杯。周瑜没想到关羽事兄竟然会如此之尊重。本也应是座上之宾的关羽竟然给刘备当一个亲随小卒。如果他真的掷杯为号，即便杀了刘备，自己也难逃关羽之手。可见，权威的光环作用是无处不在的。
宴毕，周瑜依然推说诸葛亮另有要事在身，不能相见。刘备怏怏来到船边，没想到诸葛亮早已候在此处。刘备大喜，急问归期。
十一月二十甲子日必然回归，可令赵云驾小舟于南岸边等候，切记勿误。
放心吧。

心理感悟：重要的不是停止制造嫉妒，而是如何妙对嫉妒。

云长，别见怪啊。我本想烦劳你把守一个最紧要的关隘的，但觉得可能不太方便，只好不派你去了。
有什么不方便的，说来听听？
你在曹操那里的时候，他待你非常优厚，你离开时，也发誓要报答他的。
今天曹操兵败，必走华容道，如果派你去把守，你抹不开面子，肯定要放他过去。因此，不敢派你去啊！
真是哪壶不开提哪壶！关羽最不愿意听到别人提他在曹营中的这段尴尬经历。
军师你太多心了。当初曹操确实对我不错，但我斩颜良，诛文丑，解了白马之围，也算报答他了。今日如果撞见，我怎么会放他走？！
那你如果放他走了，又怎么办呢？
我愿受军法处置，输了这颗项上人头！
口说无凭，可得立下军令状！
好！我现在就写！
写好啦！要是曹操不从华容道逃命呢？
那我也立下军令状，如果曹操不走华容道，那我的人头就归你了。
军令状

诸葛亮为什么要如此对待关羽呢？诸葛亮初到刘备营中，虽然博望坡、新野两把大火，已使张飞等人服气，但关羽因看不惯诸葛亮“故弄玄虚”的这一套，始终是心有不服。所以，诸葛亮就把收服关羽之心作为当前的一项极其重要的工作。
诸葛亮的算计是天下无双的，他的算计是建立在对整体形势、地理位置以及曹操心理的综合分析基础上的。所以，曹操必然从此而过。
天下神算
诸葛亮认为，如果关羽真的在华容道擒了曹操，那么，事事如自己所料，关羽再骄傲，也应该对自己心服口服。这是软的征服。
服了！
征服
真的服了！
征服
如果关羽抹不开情面，真的放了曹操，那么，自己有他的军令状在手，生杀予夺，全由己定，也不由他不服。这是硬的征服。无论软硬，诸葛亮都是胜券在握。
刘备对自己的兄弟非常了解，认为他私自放了曹操的可能性非常大。于是非常紧张地问诸葛亮。
亮夜观天象，曹操还不该丧命于此，所以，故意让关羽去镇守华容道，把这天大的人情送给云长，以成全他的义气。
刘备一听，这才放下心来。

心理感悟：激将失当，就成激僵。

诸葛亮这样做，是出于他的过度自信。他所用的是“激将法”。关羽有刘备做后台，傲气凌人，不太听话，诸葛亮必须要用“杀”来达到“不杀”的目的。如果不把他置于非杀不可的境地，又怎么能让他认输服气呢？
诸葛亮料定关羽会不顾军令状的存在而放了曹操，这是源自他对人性的深刻理解。从这角度来看，诸葛亮不愧是一个杰出的心理学家，尽管他也会无可避免地受到心理学规律的约束而犯错误。
心理学大师
再说曹操，被火烧得大败，带着一帮谋士武将，狼狈逃窜。逃至五更天，曹操逃至乌林之西，宜都之北。曹操见树木丛杂，山川险峻，不由放声长笑。
哈哈哈！
八十多万兵马，被烧个精光，竟然还能笑出来，丞相是不是精神失常了？
这就是最典型的转负为正！刚刚经历的这次惨败，对幸免于难的人来说，自信心肯定受到了沉重的打击。如果不迅即扭转这种局面，今后的队伍肯定不好带，战斗力也会大幅下降。
“哭、笑、歌、叹”是成本最低的注意力策略。曹操尽管也很伤心绝望，但在这个时候，只有笑，才能让自己真的抛开沮丧与绝望，才能表现出革命的乐观主义。很多人把这一段当成三国中最大的笑话来看待，平心而论，这真不是一件可笑的事情，试问天下又有几人能够做到呢？
哈哈哈——

我不笑别人，单笑周瑜无谋，诸葛亮少智。如果是我用兵，在这里预先埋伏一支军马，我等就插翅难逃了。哈哈哈！
曹操的笑，明着是嘲讽对手，实则是将自己目前的糟糕境况与可能的更糟境况作对比，以获得庆幸、知足、积极、乐观等正面的知觉和态度。在最惨烈的失败面前，也要在谋略上藐视敌人。这正是曹操的伟大之处！
乐观派军事家
曹操的**“知觉对比策略”**差一点就成功了，可惜笑声未了，烟火冲天而起，赵云领兵杀出。徐晃、张郃拼死敌住赵云，曹操率众逃窜而去。
赵云
天色已经微明，曹操一众逃至夷陵葫芦谷口。曹操看过地形又是一阵长笑。
丞相，又因何发笑？
我还是要笑诸葛亮和周瑜智谋不够。如果是我用兵，在这里也埋伏一支军马，我等哪里还有逃生之机呢？哈哈哈！
笑声未了，张飞杀出。许褚、张辽、徐晃三将纵马迎上，死死敌住张飞。曹操再次逃出。
张飞

正行间，前面出现一大一小两条路。知晓地形的军士说两条路都通往南郡。大路稍平，却远五十里，小路经过华容道，近五十里。曹操使人上山探看，只见小路上隐约有烽烟冒起，大路上毫无动静。曹操决定，走华容道。
烽烟起处，必有伏兵。丞相为什么要走这条路呢？
兵法有云，“虚则实之，实则虚之”。诸葛亮故意于山间偏僻处烧烟，令我等不敢从这条山路通过，却伏兵于大路两侧。我已料定，故而选择华容道。
曹操引军走进华容道。正行之间，曹操又放声大笑。众将虽然不愿再见他发笑，但仍是照例要问缘故。
我还是笑诸葛亮和周瑜无能，如果在这里埋伏下一支军马，我们都得束手就擒！
曹
笑声未落，一声炮响，两边五百校刀手一字摆开，当中关羽关云长手提青龙刀，跨着赤兔马，拦住去路。
关
曹操众人见了，惊慌失措，面面相觑，吓得说不出话来。这有两个原因：一是曹营众将对关羽威名特别敏感；二来连闯数关，确实已经筋疲力尽，毫无斗志了。

心理感悟：如果你无法准确把握哭笑的时机，那么就逆向使用，然后再为其找到一个理由。

为什么曹操会牢牢记得自己曾经施予的恩惠，而关羽却似乎不怎么把他的恩惠当回事呢？或者说，为什么同是曹操的恩惠，几年前的关羽感激涕零，现在的关羽却置若罔闻，难道是互惠原理失灵了吗？

研究人员把客服部人员分成两组，一组员工对自己为同事提供的帮助进行评价，另一组则要对他们自己得到的帮助进行评价。每组人员都要说明提供或接受帮助的时间和帮助的价值评估。
评价
结果表明，刚刚接受过同事帮助的员工认为这个忙帮得非常好，应该好好回报。但帮助的时间过去越久，“好”的程度就会大打折扣。而提供帮助的员工则认为，时间过得越久，自己对别人的人情就越大。
评价
今天关羽和曹操就遇到了这种情况。更为关键的是，关羽受了诸葛亮的激将法，尽管他是一个很讲义气的人，但为不输给诸葛亮，他肯定要摆脱诸葛亮给他设计好的“放曹”安排。
曹操知道这个时候不可强辩。既然你老拿“白马之围”说事，那咱们就说说这后面的事。你过五关斩我六将，我没有丝毫责怪于你，还派张辽去通知夏侯惇放了你。要不然，你就是浑身是铁，能够平安脱身吗？
如果曹操按照上面所想的反驳关羽，就会陷入了说服的**中心路径误区**，也就无法脱身了。因为关羽完全可以通过“**找借口**”来抵制曹操的反诘。不是我不想回报你，可我立下了军令状，只能公事公办啊。
军令状
白马之围
五关六将

但曹操只是轻柔地说了一句。
云长，你还记得五关六将吗?
请注意，这是一种非常有用的微妙提醒！效果远远胜过直截了当的表白！关羽心里咯噔一下。这六条人命确实是一笔沉重的心理负担。曹操当时如果加以痛责，也就没什么了。但偏偏曹操当时毫无责怪之语……
大丈夫以信义为重。将军熟读《春秋》，岂不知庾公之斯追子濯孺子之事乎?
春秋时期，郑国派子濯孺子侵犯卫国，兵败撤退。卫国派庾公之斯追击他。
今天我的病发作了，不能拿弓，我是必死无疑的了。追我的人是谁?
是庾公之斯。
您何出此言？庾公之斯可是卫国善于射箭的人!
我能活了!
庾公之斯是跟尹公之他学的射箭，尹公之他是跟我学的射箭。尹公之他是正派人，他看中的弟子一定也是正派的。

一会儿工夫，庾公之斯追到跟前。
先生为什么不拿弓?
今天我的病发作了，无法拿弓。
我向尹公之他学射箭，尹公之他是向您学射箭，我不忍心用您传授的技术来伤害您。可是今天这事，是国君交付的事，我不敢不办。
曹操引用的这个例子，正戳到关羽的要害上了。这也是一种微妙而含蓄的激将法，要激得关羽按照《春秋》上的道义行事，否则就不能称为有信有义的大丈夫。
说完便抽出箭来，在车轮上使劲地敲，敲掉箭头，射了四箭之后返身回去了。
关
关羽本来在重情义讲信用上就远超常人，曹操的这一番话确实让他无法拒绝。关羽叹了一口气，吩咐众军将路让开。关羽本想只放曹操一个人走。但曹操手下诸将也一窝蜂地都冲过去了。逃命的时候，最能发掘人的潜能了。
曹

关羽这一辈子所为，基本没有离开“忠义”二字。但和别人不同的是，他做了“不忠不义”之事，最终倒成了“大忠大义”之士。
大忠大义
不忠不义
土山被围，降了曹操，是对刘备的不忠不义。但他后来在曹营中洁身自好，分毫不取，反而令人刮目相看，心生佩服。
今天他放了曹操，是对刘备的不忠，但却又是回报曹操的义，是谓“不忠而义”。其中“不忠”是手段，而“义”是目的。
不忠
忠
后来，他毅然挂印封金，辞别曹操，是对曹操恩义的辜负，但却是对刘备忠心的体现，是谓“不义而忠”。其中“不义”是手段，而“忠”是目的。
因为关羽不是为了对这个人“忠”而对那个人“不忠”，不是为了对这个人“义”而对那个人“不义”，而是通过“不忠不义”的手段，达到“忠义”的目的。当你的目的正确，符合道义，人们往往会忽略或忘记你所采取手段的“非法性”。
不忠不义
忠义
所以，人们忘掉了关羽的“不忠”“不义”的因，记下了他的“忠”“义”的果，由此关羽也成了“忠义”的化身。
忠义千秋

此时，刘备的各路人马均喜气洋洋回来报功。只有关羽垂头丧气而归。诸葛亮得报，立即出帐远迎。
祝贺将军立下不世之奇功，与普天下除了一个大害，亮特来迎接将军！
无语……
莫非将军嫌我等没有早点出来迎接吗？
关羽特来请死！
关羽这句话说得也很巧妙，将态度问题转化为了能力问题。曹操是来了，可是我无能，没有将他抓住。这你不能怪我吧。但诸葛亮怎么会被他蒙蔽？
莫非曹操没有从华容道上经过？
曹操的确从华容道而来，但关羽无能，被他逃走了。
能力
态度
那么，可曾抓住了什么大将小兵？
无语……
没有。
那么，一定是云长看在往日情分上，放了曹操一条生路。既然你已立下军令状，今日只能依法从事。来人，将关羽推出斩首，以正军法！

心理感悟：施惠是一种投资，但只有善于投资的人，才能让恩惠像酿酒一样，在经过充分发酵后，散发出香醇迷人的回报。

刘备立即知道自己说错了，马上改由**“说服的外周途径”**进行说服。
军师啊，我们兄弟三人结义之时，曾发誓同生共死。今日关羽犯法，罪该斩首。但却和我们的誓言相违背啊。请军师网开一面，以后让关羽将功赎罪吧。
刘备的这番话乍听上去很没道理。兄弟之情是私，擅自放曹是公。从组织管理的角度来说，决不能以私废公。否则，大家都这么玩，组织的威信就荡然无存了。
私
公
但中国人始终生活在“情理法”的纠葛之中。而且“情”始终是排位第一。刘备的话，就占了一个“情”字。如果诸葛亮斩了关羽，刘备为了遵守誓言，就得陪关羽去死。老大都死了，那不就得散伙吗？这是其一。
其二，刘备没有坚持“天意说”，而是确认“有罪说”。这等于是正面承认诸葛亮的管理尊严。这是很重要的一点。如果刘备强逼诸葛亮放了关羽，诸葛亮从此就会颜面扫地，威信无存。就算诸葛亮不一走了之，也无法令行禁止，指挥裕如了。
放了他！
脸面全无！
第三，刘备提供了替代办法。关羽的罪状依然记录在案，只是缓期执行，在此期间，他必须好好表现，戴罪立功。而这期间，必然是要遵从诸葛亮的指挥和安排。
被告

刘备的说服合情合理不合法，但正好迎合了诸葛亮的需求。以刘备为首的众人苦苦哀求是不可或缺的环节。只有这个环节施行衬托充分到位了，即使不杀关羽，也能达到昭示“诸葛亮的军法绝非儿戏”的目的了。
目的既然达到了，关羽就可以活命了。诸葛亮对自己的谋划非常满意，认为关羽从此会心服口服。但诸葛亮显然对自己太过自信了。
自己严肃地立下军令状，在捉放曹之际的天人交战，内心苦苦煎熬，在诸葛亮的“天意说”面前都变得非常可笑。自己就像一个懵懂小儿，被诸葛亮戏耍于股掌之上。这是生性孤傲的关羽绝对不能接受的。
关羽本来对诸葛亮已经有所服气。但是，当他听说诸葛亮此前宣扬的“天意说”，不由得十分懊恼！原本因诸葛亮的“不杀之恩”有所触动的心灵，再次遭受了一次重创！
天意说
由此，关羽将对诸葛亮的反感深深地印刻在心中。诸葛亮的确够聪明，但他不应该过分显露出来。
我聪明

既然你已经料定一切、安排好一切，你就做一个沉默的导演吧，让每一个演员觉得自己是生活在现实中。绝对不要戳破背后的内幕。别忘了，揭开内幕并不是仅仅显示了你的高明，还会伤害那些曾经倾情演出的演员！
《逗你玩》
每个人都是有自尊心的。更何况曾经风光荣耀、自视甚高的关羽呢？刘备集团中最可怕的隐患就在这最令人激动的巨大胜利之际埋下伏笔。
胜利
再说诸葛亮，当下又连施妙计，趁着曹操大败之际，赶在东吴前头，不费吹灰之力，袭取了南郡、荆州、襄阳等地。周瑜闻报，愤怒已极。
此次抗曹，正面战场都是东吴和曹操直接对抗，刘备几乎未出一兵一卒，但胜利果实却几乎全部被刘备抢摘。周瑜当即要起兵与刘备争雄，夺回本该属于东吴的城池。
鲁肃
刘备向来是个讲“仁义”的人，这次做了不仁不义之事，待我前去，以理说之。如果说不通，再动兵不迟。
那好。
鲁肃来见刘备。
前者曹操率百万之众，名义上是下江南，实际是来擒拿皇叔您的。江东费了钱粮，折了人马，这才击退曹兵救了皇叔。所有荆襄九郡，应该归于东吴才对。现在皇叔夺占了荆州、襄阳、南郡，这是何道理？

鲁肃这段话前半段是对的，后半段是错的。前半段是对互惠原理的一种应用。我东吴帮了你刘备的大忙，这是一个恩惠。接下来，就该你回报东吴了。这个意思是不错的，但后半段不该这么说。
按照逻辑，应该更巧妙地给刘备扣上一个“讲仁义”的高帽子（标签约束），然后说：“荆襄九郡都应该归于东吴，谢谢你帮我们袭取了荆州、襄阳，咱们是不是接下来办一下交接手续啊。”而不该是指责刘备。
讲仁义
好说。
子敬，你可是个高明之士啊，怎么说出这么糊涂的话来啊？
哪里高明了，又哪里糊涂了呢？
荆襄九郡，本来就不是东吴的地盘，是刘表的地盘。刘表虽死，儿子刘琦还在，我主公刘备，又是刘表之弟，刘琦之叔。以叔辅侄，取了荆州，有何不可？
诸葛亮故意遗漏了一个重要事实。荆襄本来是刘表的地盘没错，但刘表的合法继承人刘琮已经将其献给了曹操。所有权已经转移了，刘琦并没有合法的继承权。而目前曹操被所谓的孙刘联军击败，地盘就该由孙刘平分才对。但刘备对击败曹操的贡献极小，故而鲁肃先前提出的主张是比较合理的。
但鲁肃显然被诸葛亮这番话迷惑了，进入了他的话语轨道。
如果刘琦公子占了荆州，那也是合情合理的。只是刘琦公子不是在江夏吗？又不在这里。

鲁肃真是个老实人，想到什么就说什么。这正是谈判的大忌啊！诸葛亮早就给他准备好了。
刘琦从屏风后面由两个从者搀扶走出，头裹白巾，病容满面，跟鲁肃打了个招呼就立即退了回去。鲁肃吃了一惊，看刘琦这样子，必然是命不长久，心中顿时有了计议。
公子就在这里，你若要见，请出来就是了。
公子若在，自无话说。公子若是不在了，又该当如何呢？
公子在一日，守一日。如果公子不在了，那就另说。
可不能另说，公子如果不在了，荆州须得还给我东吴。
好，就依你所言！
鲁肃自以为得计，回报周瑜。
刘琦正青春年少，如何就会死？
我看刘琦病入膏肓，气喘呕血，不过半年，其人必死。那时再去讨要荆州，刘备就没有借口了。
刘琦正当年少，几天前还受诸葛亮之令，镇守江夏，擒拿逃兵，怎么好端端就病成了这样？这自然是出自诸葛亮的安排。若非如此，鲁肃怎能上当？

心理感悟：　假戏必要真做才能达到目的。

刘备觉得兄弟立功心切是好的，当即派张飞星夜赶去接替关羽镇守荆州，让关羽来攻取长沙。关羽来见刘备、诸葛亮。诸葛亮对“激将法”有着一种近乎偏执的爱好，再次故伎重施。
激将法是对“**自我服务偏见**”和“**他人评价顾忌**”的综合运用。大多数人在“自我服务偏差”的作用下，认为自己高于平均水平。内心骄傲且曾经有过超人表现的人更是如此。所以，激将法实质就是故意用“看不起”的态度来激发个体的斗志，促使他倾尽全力去达成“让人看得起”的业绩。
这种方法是激励的一种妙法。但任何方法都有适用范围上的局限性，并不是万灵丹。对心境平和、态度谦逊的人即便不使用激将法，他也能尽力将上级交办的任务完成，比如赵云。
激将法
而像关羽这样内心孤傲的人，其实是不能用激将法的。激将法的外在形式是用“看不起”来展现的，但孤傲的人往往会将这种故意的“看不起”视为真正的“看不起”，从而在心中留下很深的芥蒂。
看不起
=
看不起
云长，这次张飞和赵云夺了两郡，可都是只带了三千兵马啊。我听说长沙太守韩玄手下有一员叫黄忠的大将，也使大刀，虽年近六十，须发皆白，但却有万夫不当之勇。你可不要轻敌，还是多带点人马去吧。
诸葛亮这番话，阴阴阳阳，自以为高明，关羽听了很伤自尊。
黄忠不过是一个老兵罢了，有什么了不起的？我不需三千军马，只需带五百校刀手，就一定斩了黄忠、韩玄，取回长沙！

关羽此去，风险还真是挺大的。因为黄忠真是一个非常厉害的人。一说起三国武将，大家一般都认为是吕布武功最高。因为刘关张“三英战吕布”都没拿下他。但这种看法其实是错误的。
冠军
三国中第一武将应该是黄忠！你想，黄忠六十岁时，关羽和他大战一百回合，还不分胜负。黄忠七十岁左右时还屡立战功，所向披靡。如果是黄忠正当盛年的时候，恐怕三个吕布也赢不了他。
冠军
长沙太守韩玄听说关羽来攻，立即召集众将商议。
不用担忧，凭我手中这把刀、这张弓，一千个来，一千个死。
关羽来攻，与黄忠大战一百回合，不分胜负。关羽这才去了轻视之心，对黄忠心生佩服。双方鸣金收兵，约定明日再战。
黄忠果然名不虚传，看来明天得用拖刀计才能赢他。
次日，两人又斗了五六十个回合，仍不分胜负，关羽拨马便走，只待黄忠赶来，就用拖刀计斩他。黄忠追赶，却马失前蹄，摔倒在地。关羽急回马，双手举刀，想了一下，却没有砍下去。
我且饶了你的性命，快快换马再来厮杀！

是谁救了黄忠的命？是诸葛亮！诸葛亮的一番激将之语，将黄忠描绘成有万夫不当之勇。关羽受激之后，必要真刀实枪，战而胜之，方能显示自己神威。如果趁人落马将其斩杀，必然脸上无光了。
救命恩人
另外，黄忠的年龄和外貌也起了一定作用。关羽是个高傲之人，所以他的外群体偏见特别严重。几乎除他自己以外的人，都被划归为不同的外群体而加以轻视。黄忠就被他划入老弱病残的群体之内。而对这样的弱势群体下手，似乎有失体面。
黄忠回到城中，韩玄惊问缘故。黄忠说是马失了前蹄，没有解释关羽为什么放他了，因为他自己也是很纳闷。
韩玄
你的箭术不是百发百中吗？怎么不射他？
黄忠一夜难眠，可见**互惠原理**影响之大、之深，即便是敌对双方也难超越。由此可见，互惠原理如使用得当，足可以化敌为友。
韩玄如果懂得**互惠原理**，就不会这样说了，而是赶紧闭门再不出战。谅关羽区区五百人马，怎么攻城？黄忠也不能不顾名声。关羽先饶了他的性命，如果第二天暗箭将其射杀，黄忠的声誉就会大受影响。但上司的命令也不能不听，只好先应承下来。
关羽如此讲义气，他不忍杀我，明天我怎能忍心杀他呢？
次日，关羽和黄忠大战三十余合，还是不分胜负。黄忠想起韩玄苛令，转身诈败，关羽追来。黄忠两次引弓虚拽，只听弦响，不见箭影。关羽认为黄忠不会射箭，放心追来。

黄忠再度转身，弦响箭出，将关羽头盔上的红缨射落。关羽大惊，急退回营，这才知道黄忠箭术神奇，不忍伤己，乃是为了报昨日不杀之恩。
黄忠的这三箭二虚一实，做得很巧妙，这样才能让对方领悟领情。设若黄忠第一箭就射落关羽红缨，但后面又该如何射箭呢？再射不中，关羽就会以为黄忠前面一箭乃是凑巧而已。如再射得手，伤了关羽，则无法显示黄忠知恩图报的心理。
恩惠就像银行存款一般，必须未雨绸缪，早作准备。当你有能力施惠的时候，一定要尽早施予。否则，临时抱佛脚，是没有存款可供支取的。
黄忠的计划是先把欠关羽的人情还清，没有心理负债之后，次日再射杀关羽。但是韩玄不懂互惠原理，以为黄忠必是通敌无疑，下令将黄忠推出斩首！本来关羽夸下海口，却连续三天战黄忠不下，郁闷之极。韩玄此举真是帮了关羽大忙。
韩玄此举激怒了手下大将魏延，此人面如重枣，气宇轩昂，和关羽的长相及脾气性格都十分相似。魏延将韩玄斩杀，救了黄忠，将城池献于关羽。关羽凭空得了这件大功，对魏延欣赏不已（互惠原理和相似性共同起了作用）。
魏延

心理感悟： 施惠有如播种，早种才能早收。

食其禄而杀其主，是不忠也。居其土而献其地，是不义也。所以我要杀他。
这是什么狗屁理由！如果都像你这样，诛降杀顺，那谁还愿意投靠我啊？
再说了，前几天张飞夺取武陵郡一战中，武陵郡从事巩志也是杀了旧主金旋开城献地，也没见你说过什么不忠不义的话嘛。怎么今天到魏延这就变样了？
诸葛亮觉察到自己的理由立不住脚，立即改口。
我看此人脑后生有反骨，久后必反，所以今天先把他杀了，以绝后患。
世上任何奖励惩罚，都是针对已经发生的行为及其造成的后果而言的，从来没有针对尚未发生的事情进行奖惩的。如果可以用预期中的不良表现杀人，那么连莫须有的罪名也不用编了。这样的说辞显然更站不住脚。
我认为你以后会犯罪！
刘备毕竟不是袁绍，他是个英明之主，对形势的判断把握非常准确，他坚持不让杀魏延。

诸葛亮也由此明白，老大始终是刘备，而不是自己。上次有充足的理由不能杀关羽，这次没有充足的理由不能杀魏延。说明刘备始终是把杀人权掌控在自己手里的。
心理学家对诸葛亮的这番话表示最强烈的抗议。因为诸葛亮为了维护自己颜面而随口抛出的“反骨论”，是一种通过非常直接、强烈、负面的心理暗示表达的“**自我实现预言**”。
“**自我实现预言**”是指对情况的错误定义引发了一种新的行为，这种新行为使得最初的错误概念变为了真实的。简言之，自我实现预言是错误的概念，但它们是那种最终被证明是正确的错误概念。
怎么样？它刚破壳时我就认定它不会飞！
以诸葛亮目前在刘备阵容中的威信，绝大多数人对他是深信不疑的。所以，他这番话一说，绝大多数人就此对魏延留下了深刻的“久后必反”的第一印象（首因效应）。
魏延
久后必反
从此，在今后的交往中，在不知不觉中就会把这种印象投射到魏延身上。这种投射的作用是非常强大的，我们可以看看下面一则故事。
你要造反吗？
我只是想杀只鸡而已！

有一个人丢了一把斧子，他以为是邻居家的儿子偷去了。于是，他处处注意邻居之子的一言一行、一举一动，觉得他走路的样子像是偷斧子的；看他的脸色、表情，也像是偷斧子的；听他言谈话语，更像是偷斧子的。

后来，丢斧子的这个人找到了斧子，原来是前几天他上山砍柴时，忘在了山上。

他找到斧子以后，再看邻居家的儿子，就觉得他那走路的样子不像是偷斧子的；看他的脸色、表情，也不像是偷斧子的；听他的言谈话语，更不像是偷斧子的了。

还有一个故事。有一个死刑犯，被绑了起来，蒙上眼睛，有人告诉他，你要接受的刑罚是缺血而死，然后用叶子在他的手腕上轻轻划了一下。这个犯人的手腕旁边，放着一个容器，水滴答滴答地往容器里滴进去。

不久后，这个犯人果然死掉了，解剖他的尸体，肌体果然表现出了缺血而死的症状，但事实上他并没有出过一滴血。

原因就是他在别人的心理暗示下，以为自己的动脉已被割开，那水滴声就是自己血滴下的声音。在这样的自我暗示下，他竟然真的死了，并且表现出缺血的症状。

对魏延来说，这种暗示也直接作用于他的心灵。此后的每一次午夜梦回，魏延都会忍不住摸摸自己脑后，看是否真有反骨，自己是不是要造反了。
数十年累积下来，这种暗示就会逐渐成为魏延内心的一个坚定信念。诸葛亮死后，魏延确实反了，但这并不是魏延的错，这笔账始终要记在诸葛亮头上。
反贼
反贼缔造者
变反贼吧！变反贼吧！
歌德曾说过：“按照人们应该成为的样子去对待他们，并且你要帮助他们变成他们能够成为的样子。”就魏延而言，诸葛亮“成功”地做到了。
刘备不准杀魏延，诸葛亮只好在交代了一番场面话后放了魏延。诸葛亮不能对刘备有意见，但这种微妙的不满可以转移给关羽，特别是魏延。这也预示，只要诸葛亮掌权，魏延就不会有太好过的日子了。
不满
很多人以为，诸葛亮要杀魏延是因为魏延和关羽在容貌、性格上有诸多相似之处，这才把对关羽的不满迁怒于魏延。这个结论有一定的道理，但前提却不是因为这两个人的相似。
惹不起他，就拿你当关羽啦！

其实，诸葛亮并不是真的想杀魏延。他始终想收服关羽，但关羽不肯就范。诸葛亮激关羽取长沙，本是想看关羽的笑话。哪曾想关羽的运气太好，攻城不克，却有魏延杀主献城，白捡了一件大功劳。
魏延
关羽和魏延退下后，对诸葛亮的不满溢于胸膛。这并不是诸葛亮愿意看见的局面。尽管他精通天文地理，但在对人的心理把握上，还做不到十全十美。
诸葛亮要想贬低关羽的功劳，就只能从魏延下手。只有将魏延的行为评判为“不忠不义”之举，那么建立在“不忠不义”基础上的关羽的这一场胜利也就不那么光彩。而且，关羽向来是自诩“忠义”的，用“不忠不义”则最能打击他的气焰。
不忠不义
忠义
心理学
多次挫折让诸葛亮认识到，对关羽这样心高气傲的人，一味激将，反倒会起反作用。他决定今后要有所改进。但关羽对诸葛亮一直以来对自己的打压已经成见颇深，很难改观了。
这是一件遗憾的事情。两个人都对刘备忠心耿耿，都想紧密团结在刘备周围，作出一番轰轰烈烈的功绩，但却因为两个人各自的性格冲突和相互间的关系处置不当而形成了一个死结。这对他们本人，对刘备，对刘备集团都是一个巨大的伤害。
刘

刘备攻取这四郡后，钱粮广盛，兵强马壮。刘备和诸葛亮自驻荆州。忽一日有人来报，镇守襄阳的公子刘琦病亡。刘琦正当盛年怎么这么快就病死了？这是三国中的一个谜。
刘备当然是不想还荆州的，但他又担心与自己一贯营建的名声相悖。诸葛亮却没有他的这种历史形成的心理负担。他有个习惯，借东西从来是不还的，无论是草船借箭、借东风，还是这次的借荆州。
今日刘琦已死，东吴必来讨还荆州，该如何应答呢？
刘备派关羽去镇守襄阳，又想起了此前和鲁肃的约定，不由担心起来。
主公放心，如果东吴有人来，我自有话对答。
荆州
只借不还
东风
数日后，那个老实的、不懂说服谈判之道的鲁肃果然前来。
上次皇叔说过，公子刘琦若在，借荆州暂时居住。现今公子已经去世，请问何时交还啊？
刘备讷讷无言，诸葛亮抢过话头，一番长篇大论，滚滚而出，从刘备的出身、刘备和刘表的关系到自己赤壁借东风之功，雄辩而霸道地证明了刘备占据荆州的合法性。
鲁肃是东吴口才较差的人，而诸葛亮此前舌战群儒，以一人之力，击败了东吴所有最顶尖的能言善辩之士。鲁肃怎么可能在口头上取胜呢？

心理感悟：很多人之所以变成了你面前的这个样子，那是因为你想让他们成为这个样子。

不几日，细作来报说，刘备的甘夫人去世了。周瑜一听大喜，叫来鲁肃。
我有办法救你了。讨回荆州易如反掌！
待我写信，敬呈吴侯，然后教人去荆州保媒，说服刘备前来入赘。等把他骗到南徐，就把他关在牢里。什么时候交还荆州，什么时候再放他回去。
原来周瑜动起了吴侯之妹的主意。孙权有一个妹妹，性格刚勇，素爱舞枪弄棒。
这条计虽不光明正大，但鲁肃为保命，也顾不得许多了。况且确实是刘备、诸葛亮欺诈在前。可见互惠原理不仅仅适用于积极的一面，也适用于消极的一面。所谓一报还一报是也。
就依此计！
周瑜计策虽妙，但诸葛亮早已料及，一一安排停当，吩咐赵云随身保护。首先取得孙权之母和二乔之父的好感，再营建好与孙夫人的亲密关系，加上赵云勇武，刘备竟然白赚一个夫人，安然回到荆州。
周郎妙计安天下，赔了夫人又折兵
周瑜急怒攻心，箭疮复发，竟然一命呜呼。孙权、刘备自此结下瓜葛。再说刘备，又新得了庞统。卧龙、凤雏，同归帐下，不由志得意满，雄心万丈，决定图谋刘璋的西川之地。

刘备自带庞统、黄忠、魏延等人入川，将荆州交由诸葛亮、关羽、张飞、赵云等镇守。荆州乃是刘备的安身立命之基，所以他只带了三分之一的力量踏上征服西川的征程。
征西
荆州
三分之二
三分之一
孙权闻知，心有所动，想趁刘备远离之际，起兵夺回荆州，却被母亲吴国太一顿臭骂。
我一辈子就生了这么个女儿，你们一进攻荆州，不就要了我女儿的性命了吗？！
吴国太
孙权
孙权派猛士周善来到荆州，面见孙夫人。孙夫人看过密信，痛哭不已。
夫人必须抓紧，晚了可能就见不到国太最后一面了。我已经备好船只，赶紧带着阿斗上路吧。
周善
政治家是可以将情感和事业绝缘分离的人。但吴国太不是政治家，她割舍不了母女之情。孙权正在为难之际，张昭出了一个主意。
张昭
派一个人扮作商人潜到荆州。给夫人一封密信，就说国太病危，让夫人星夜回还。再将刘备之子一并带回东吴。到时就让刘备拿荆州来换儿子，不由他不换！
妙计！
孙夫人乘舟欲行，幸好赵云巡哨回来，得知消息，急急赶上。
且休开船，待我与夫人饯行。

赵云的这个说法深有妙处。他知事情紧急，提出一个“为夫人饯行”的理由，这等于是表明自己并无恶意，绝不阻拦，实乃缓兵之计。所以说，赵云确实是个智勇双全之人。但周善心虚，急令开船。
在这个世界上，和阿斗感情最深的除了他的母亲，就是赵云了。赵云当年在长坂坡千军万马中救出了这个孩子，同生共死的经历让他对这个孩子充满了挚爱之情。
留下阿斗，任夫人自去。
赵云在岸边抢过一艘渔船，唤人急划追上周善之船，赵云赶入船舱，见孙夫人抱着阿斗在怀中。
赵云何故无理？！
赵云本是个服从性最强的人，在面对上司上级的时候，最是服帖。但今天赵云却形同两人。
夫人为什么不报知军师，就擅自离开？
阿斗就是我儿子，留在荆州无人看护啊？！
夫人，您这句话就错了。主公这辈子就这么点骨肉。小将当年在长坂坡百万军中将其救出，今天你偷偷抱走，是什么道理？
孙夫人以为用权威完全可以压住赵云，根本没想到他竟然顶嘴。
我母亲病危，我怎么来得及告知军师？
夫人探母，乃人之常情，但为什么带上小主人同去？

你不过是刘备帐下一个武夫，有什么资格来管我的家事？
关键时刻，赵云想起了这句话，平添了许多勇气。你再厉害、再霸道，在刘备眼中，也只不过是件衣服罢了。
孙夫人这招是充分运用自身地位上的威势来强行压制对方的猛招。一般来说，下属听了，没有敢继续顶抗的。但孙夫人忘了刘备曾经说过的一句名言。
兄弟如手足，妻子如衣服，衣服破时，尚有更换，使手足若废，安能再续乎？
夫人要去，我管不了。但您必须留下小主人。
孙夫人简直不敢相信，平素彬彬有礼的赵子龙竟然如此难缠，气急败坏之下，使出了最后的杀手锏。
你半路擅自闯进船中，是不是想要造反啊？
这等于直接宣判了赵云的死罪！但赵云全然不顾。
我即便万死，也不能放任小主人离去！
孙夫人喝令侍婢上前揪拿赵云。孙夫人的侍婢虽然都是练过武的，但哪能对付了赵云。赵云轻轻就将侍婢推倒，一把从孙夫人怀中抢过阿斗！此时张飞驾船赶来，跳上船只，一剑砍杀了周善。

张飞、赵云放了孙夫人自回东吴，张赵二人带了阿斗，回转荆州。孙夫人回到东吴，终身未能再回荆州。这个女人一生的幸福就这样被兄长的政治诉求所葬送。
伴生权威
主体权威
孙夫人拥有地位上的权威，而赵云也是个极具服从性的人。那为什么这次权威失灵了呢？
权威
一般来说，权威有两种，一种是主体权威，一种是伴生权威。无论哪种权威，都只有在合法的前提下才真正有效。而伴生权威只有在不影响主体权威的利益时才是合法有效的。
孙夫人的权威来自于刘备，但她私自带走阿斗的行为完全背离了刘备的根本利益。当赵云看清这一点后，无论孙夫人怎样威逼恐吓，都不能发挥权威的威力了。
主体权威
诸葛亮闻报，惊出了一身冷汗。如果阿斗被东吴劫持，那么他就真的百死莫赎了。最重视的地方往往是最薄弱的。刘备集团上下都非常重视荆州，但荆州的防守却存在着巨大的漏洞。一个小小的周善，竟可以来去如风。
荆州
但诸葛亮在惊出一身冷汗之后，却没有采取任何改进措施，甚至于在将荆州全盘交托给关羽镇守的时候，也没有提醒这一点。荆州之失，从这一天就开始了……
荆州

心理感悟：在服从权威之前，请先检验一下权威的合法性。

虎踞荆州

张飞性格粗中有细，并非只是鲁莽之徒；赵云心思缜密，智勇双全。而从对对手的威慑力来看，张飞长坂桥前喝退曹操百万雄师，赵云在长坂坡七进七出，都已经威名赫赫。但诸葛亮没有丝毫犹豫，选择了关羽。
主公叫关平送信前来，他的意思已经很明白了，就是要云长当此重任啊！荆州这个地方实是非同小可。你可要念着桃园结义之情，尽心竭力，好生镇守啊！
诸葛亮这一次竟然没用“激将法”，关羽有点意外。而且这一番话，明显抬高了关羽在刘备心中的地位，并提及桃园结义，非常对关羽的胃口。关羽慷慨激昂地大声应诺。
Yes，Sir!
诸葛亮为什么这次没有使用激将法呢？第一，以前诸葛亮敢放心大胆使用激将法，是因为有刘备在，随时可以起到缓冲调解的作用。一旦刘备不在，关张之流真的耍起性子来，还真没有人可以制得住。诸葛亮一生谨慎，他是不会轻易冒险激进的。
第二，是诸葛亮自己的转变。这个转变是专指对关羽而言的。长期的事实证明，关羽是既难征服又杀不掉的。所以，在残酷的现实面前，诸葛亮也不得不对自己的用人方略进行调整。
诸葛亮至少有三个选择，那他为什么要选择关羽呢？首先还是出于他和关羽之间的不一致。诸葛亮因为一直无法收服关羽，深感苦恼，对关羽比较排斥。那么，当有机会摆脱关羽的时候，诸葛亮是乐意选择的。眼不见，心不烦嘛。

其次，卧龙、凤雏齐名天下，两人同归刘备帐下，相互间竞争较量也是人之常情。现在庞统死于落凤坡。庞统没办成的事情，轮到诸葛亮上场，他也就只能成功，不能失败了。
所以，诸葛亮必须带上得力人手，以助自己成功。张飞、赵云明显比关羽容易驾驭得多，所以，他就选择了关羽留守荆州。
荆州
而诸葛亮为了争胜，在荆州留守力量的配置上，也作出了自利性的选择。刘备入川，武将也只带了黄忠、魏延等非主流（只占三分之一弱的力量），关张赵等绝对主力尽数留下。但诸葛亮走的时候，却又带走了现有的三分之二（张飞、赵云），只留下了三分之一（关羽）。
荆州防守力量被大为削弱。虽然对力量资源的调配需要符合当时的战略需求，但一旦曹操或孙权攻破荆州，刘备必将腹背受敌，后果不堪设想。
比较稳妥的方式应该是再留下张飞、赵云中的一人，配合关羽镇守荆州。这样，既不会与关羽形成内斗内耗，而且有互为呼应之作用。若真如此，也就不会有后来的关羽兵败，痛失荆州了。
+
或
+

作出自利性的选择，也是可以理解的人之常情。但诸葛亮为什么一定要将任用关羽描述成是刘备的暗示呢？
这也可以用**自利性**来解释。荆州的重要性不言而喻，如果所托非人，决策者的责任就非常大了。诸葛亮也知道自己带走张赵，是对防守力量的严重削弱，所以更加不敢承担责任，只有伪称是刘备的暗示，才可以为自己未来的洗清责任做好准备。
荆州
责任
诸葛亮设宴，交割剑印。关羽伸手来接，诸葛亮举着关防大印，却不交给。
这干系从此就全落到将军身上了！如果曹操率兵来攻，该当如何？
以力拒之！
如果这样做的话，荆州就危险了。
水来土掩，兵来将挡，有什么不对呢？
如果曹操、孙权一起来攻呢？
分兵拒之。
我有八个字，将军你可一定要牢记在心啊。
你举着大印，真是啰唆。我身经百战，又怕过谁来？

心理感悟：人只有处在相同的困境危局，才能真正理解别人的不容易和不得已。

诸葛亮入川，顺利攻下西川。勇将马超也投归刘备。刘备遂自领益州牧，大封文武。关羽闻报，非常开心。
主公特加封将军为荡寇将军、寿亭侯。
使者
其他诸人如何?
诸葛军师被封为军师将军，三将军为征虏将军、新亭侯，赵云为镇远将军，马超为平西将军、都亭侯。另外诸葛军师、西川旧人法正、张飞、赵云所得财物和将军相同。
使者
关羽听后面色顿时阴郁下来。中国人的心理向来是“不患寡，患不均”的。自己得到的封赏的绝对价值并不是最重要的，最重要的是看相互之间的对比。
张飞、赵云受封，关羽是没有什么意见的。但马超新来，就被封为都亭侯，和关羽在同一层级。还有法正，在财物的赏赐上也和关羽同等，这是关羽不能接受的。
关羽是一个高自尊的人，当一个高自尊的人发现自己高傲的自尊遭受威胁时，他们往往会通过打压别人的方式来应对，有时候甚至会采用暴力的方式。
关羽的这种感觉在心理学上被称为**“相对剥夺”**。当我们把自己和他人进行比较时，我们的挫折感会变得更为复杂。比如，在同一座城市里，当警察的工资水平提高后，当然会提升他们的士气，但同时却可能降低消防员的士气。

布什曼和鲍迈斯特在 1998 年的时候曾经做过一个实验。他们让 540 名大学生志愿者分别写一段文章。

然后让另一个学生对文章进行截然不同的评价，或是夸奖性的“好文章”，或是讽刺性的“这是我见过最烂的文章”。

然后让那些文章作者和其他学生一起玩一个游戏。

当对手失败的时候，文章的作者可以用任意强度、任意时间长度的噪声来惩罚该对手。

结果发现，文章受到负面评价的作者中那些自尊心最强的人，使用噪声折磨对手的时间长度是普通自尊者的三倍。

防守是很难体现功绩的，防住了，是应该的；防不住，就是罪过。关羽显然觉得另外那些有冲锋陷阵机会的人更容易立功，从而在功劳、封赏以及名声上超过自己。
攻
金
守
银
1
2
关羽无法接受刘备只是出于兄弟之情，才对他进行第一等的封赏。他让关平到成都向刘备致谢，并要求入川和马超比试高低。
云长如果入川，荆州谁来防守？马超勇猛，和翼德数日激战，不分上下，若云长和他比试，无论哪个有个闪失，都非同小可。这哪里能行啊！
诸葛亮心知关羽哪里是想和马超比武，他主要是担心自己独守重镇，远离中枢，会被忽视遗忘，不断地被边缘化。
诸葛亮非常担心关羽一时冲动，会做出蠢事来。毕竟关羽是他选定的人选。为了维护自己决定的正确性，人们往往不计成本，甚至改变自己最初的立场。
主公不用焦急，我只要写一封信，必定叫云长回心转意，安心镇守荆州。
好，军师快写！
关羽看过诸葛亮的书信后心情畅快已极。在他看来，这是他和诸葛亮之间较量的第一个重大成果。关羽认为，诸葛亮服软了！
胜
败

诸葛亮的信
是这样写的。
亮闻将军欲与孟起分别高下。以
亮度之：孟起虽雄烈过人，亦乃
黥布、彭越之徒耳；当与翼德并
驱争先，犹未及美髯公之绝伦超
群也。今公受任守荆州，不为不
重；倘一入川，若荆州有失，罪
莫大焉。言虽狂简，惟冀明照。
诸葛亮又犯了一个严重的错误！当人们犯下一个错误后，往往会用无数个错误去掩饰这最初的错误。诸葛亮选择了战略和自己完全背离的关羽镇守荆州，就是这第一个错误。
错
为了让这个错误变得正确些，诸葛亮从原来的“轻视激将”变成了“马屁安抚”。但这样带来最大的负面结果就是极大地助长了关羽的骄傲之情。
诸葛亮的这一段，采用的是**说服的外周途径**。而紧接下来的一段，则采用了**说服的中心途径**，通过一再强调镇守荆州的重要性，由此来烘托关羽本人的重要性。关羽得到了极大的胜利感、自豪感，自此再不提入川之事。
荆州
Z18次
西川
诸葛亮在信中把马超归为黥布、彭越一类，只能与张飞相提并论。这一个群体的特征就是勇猛善战，但也仅止于此。而关羽则属于另外一个“绝伦超群”的群体。这两个群体之间，有着明显的群体边界。也就是说，他们根本不具备和关羽比试的前提条件，如果关羽再提比试的要求，就等于是自降身份了。
马超

心理感悟：我们往往从一个极端走向另一个极端，却没有意识到这是最愚蠢的转变。

孙权得知刘备并吞西川后，召集张昭、顾雍等商议讨回荆州之事。此时鲁肃已接任都督一职，荆州之事本来和鲁肃干系甚大，但孙权对他被诸葛亮耍弄十分不满，所以不找他商量。
议事厅
张昭
我有一策。诸葛亮的兄长诸葛瑾正在主公这里。不如将诸葛瑾满门老小拿下作为人质，派诸葛瑾入川，对其弟诉说。诸葛亮必念兄弟之情，足可说服刘备交割荆州。
诸葛瑾是个老实人。我怎能忍心拘禁他的满门老小呢?
这不过是一个苦肉计。诸葛瑾知道了，也不会有什么意见。
孙权一想，苦肉计是好计，上次周瑜打黄盖，火烧赤壁。这次张昭囚诸葛瑾全家，必也成功。当下把诸葛瑾召来，安排停当。
诸葛瑾知道家里老小虽然名义上要被监禁，但没有性命之忧，也就没有什么心理负担，坦然上路进川。不数日，诸葛瑾来到成都，先使人报知刘备。
刘
成都
诸葛瑾

诸葛亮知道兄长定是来讨取荆州的。如此这般交代刘备，随后出城迎接。兄弟相见，诸葛瑾竟大哭起来。哭是非常管用的注意力策略。你一哭，对方必定要发问，你即可顺竿而上。
兄长为什么要大哭啊？
我一家老小全都要没命了！
诸葛瑾随诸葛亮去见刘备，说明来意。
我本来是要归还荆州的。但是你主孙权太过分了，擅自将我夫人暗暗接走。既然他如此无情无义，我还留什么颜面？
兄长莫非是因为讨还荆州之事？你不用难过了，我一定劝说主公归还荆州给你。
诸葛瑾是个老实人，戏演得很不自然。诸葛亮看得好笑。
苦肉计奏效！
你让他率兵来取荆州吧。当日我仅有荆州之地，尚且不怕他。如今我坐拥西川四十一州，兵将数十万。我正想挥兵南下，攻取整个东吴。你问问他，还来不来讨还荆州了？
主公！吴侯已经将我兄长满门老小监禁，如果不还荆州，全都不能活命。兄长若死，我哪里还能独生？望主公看在我的薄面，怜惜我二人兄弟之情啊！
既然如此，我看在军师面上，分荆州一半还东吴，将长沙、零陵、桂阳三郡交割吧。
谢主公！请主公手书一封与云长，令他交割三郡。

诸葛瑾拿着书信满心欢喜地奔赴荆州，面见关羽。
我和兄长结义桃园，共兴汉室。兄长既然已经把荆州交托给我，怎么能交割给东吴？这三郡均是汉室疆土，我必然是寸土不让！
我全家老小被吴侯拿下，若将军不交割三郡，尽数要被诛杀啊。万望君侯开恩！
这不过是孙权的苦肉计罢了，糊弄谁啊？
这苦肉计骗过了兄弟和刘备，怎么就骗不过关羽呢？
实际上，这苦肉计一个人也骗不了！苦肉计不付出真的代价是很难让人相信的。周瑜打黄盖可是真打，血肉模糊！如果这次不对诸葛瑾说明，假戏真做，将其全家老小拿下，他还能表演得更加真实。但诸葛瑾早已心知肚明，又能糊弄谁呢？
表演太差！
从这个角度也可看出张昭的才能确实不高。他看到了诸葛兄弟之间的情谊，却没有顾及人情法则。因私废公是难免的，但决不能光明正大地进行。设若诸葛亮真的顾惜兄弟之情，向刘备提出要求，那就伤了君臣之义了。以后诸葛亮还怎么立足呢？
才能太糟！

今日不是看在军师面上，我这口剑可就不容情了！
其实，要不是因为他的兄弟在此身居高位，诸葛瑾今天还不会遭受如此羞辱呢！
诸葛
诸葛瑾
在关羽和诸葛亮的较量中，总体而言，关羽感受到了很大的挫败感。而今天的事，再次让关羽深感恼火。荆襄九郡现在是关羽当家，如果要割让，事先不和他商量是说不过去的。关羽觉得这是对他的轻视。
虽然关羽明白，这不过是一场双簧戏，但诸葛亮做了好人，却把扮演黑脸的任务交给了关羽。关羽也想当红脸做好人，但却没的选择，只能将诸葛瑾拒之门外。这自然加深了他的挫败感。
挫折往往会产生攻击、报复的动机。但诸葛亮手握大权，智算过人，关羽不敢对他发起报复性的进攻。那么攻击目标自然就转移到了诸葛瑾身上。既然我惹不得诸葛亮，那我就狠狠羞辱诸葛瑾吧。谁让你和诸葛亮一母同胞呢？
我是替罪羊！

心理学家不由想起了“**踢猫理论**”。总经理早上出门的时候，跟太太有一点不快，所以带着一些不良情绪来到了公司。

一来公司碰到副总经理，就随便找个事情把副总经理给训一顿。

副总经理敢怒不敢言，回去后把经理叫过来也给训了一顿。

这经理一大早莫名其妙就给副总经理训了一顿，也敢怒不敢言，就回到办公室把女助理训了一顿。

女助理莫名其妙地被经理训一顿，也敢怒不敢言，这个时候接到男朋友的电话。女助理正好抓住了一个对象，顺势就把男朋友也给训了一顿。

这个男朋友莫名其妙被女朋友训了一顿，心里实在不舒服，不好发泄，见脚下正好蹲着一只猫，就一脚将猫踢飞。

心理感悟：假戏必要真做，才能收到效果。

孙权得报，恨极了关羽。但现在他还不能奈何关羽，这股怒气只好另寻发泄口了（“踢猫理论”无处不在）。鲁肃再次成为这只可怜的猫！
荆州就是经你手借的。现在你说怎么办吧？
孙权的怒斥给了鲁肃巨大的压力。面对压力，人的本能反应就是要么迎战，要么逃跑。可是鲁肃无路可逃，只能硬着头皮迎接挑战。
压力
鲁肃本来是个平和的人，但在高压之下，竟然提出了一个疯狂的想法。
我们屯兵在陆口，派人去请关羽来赴会，好好和他商量，让他归还荆州。如果不从，就伏下刀斧手杀了他。如果他不肯来，就立即进兵，夺回荆州。
鲁肃这个办法其实是跟周瑜学的。周瑜当年请刘备赴宴，就准备将其斩杀，但没想到关羽打扮成随从护驾，周瑜因此不敢动手。周瑜胆量谋略都胜过鲁肃，他办不成的事，鲁肃能办成吗？其实鲁肃也是被逼无奈，只好捡起周瑜嚼过的甘蔗渣再嚼一遍。
孙权看鲁肃表现得非常自信，当即表示同意。鲁肃赶赴陆口，召集吕蒙、甘宁商议，决定在陆口寨外临江亭设宴，请关羽前来。
甘宁
吕蒙
但该用什么理由请动关羽呢？鲁肃只想出来一个没有任何实质意义的“朋友间久未见面，需要私人会晤一下”的理由。怕关羽生疑，又特意注明仅仅是晤谈，绝对没有恶意。当下，鲁肃修书一封。

鲁肃的信是这样写的：
辱友鲁肃顿首致书于汉寿亭侯麾下：奉别久矣，瞻仰无由。今暂屯陆口，欲邀车骑于临江亭一会，以诉渴仰之怀。虽然各事其主，即无异外之心。专望来临，幸勿见阻。感感。
鲁肃可真是个老实人，根本不擅长暗中整人的阴招。这封信无异于是“此地无银三百两”，稍有常识、稍具理性的人见了此信必然心生戒意。也就是说，鲁肃的计策再好，也是不具备可行性的。
此地无银三百两
隔壁王二不曾偷
但世间万事，总有例外。偏偏收信者是关羽，这封信就发挥效力了。关羽对送信人说：“既然子敬请我赴宴，我明天必然前往！”
父亲，鲁肃必有恶意。您为什么要答应呢？
关平
哈哈，我怎么会不知道？我要是不去，不就让他们笑话我胆小了吗？我不但要去，还要单刀赴会，且看鲁肃能奈我何？
关羽此时已经日渐骄纵，他爱惜自己的声誉，甚至胜过了肩负的重任。当然，关羽的自信也是有根据的。他曾经护卫刘备赴周瑜之宴而平安脱险。这是非常重要的经历和经验。

在关羽眼里，鲁肃根本不能和周瑜相提并论。周瑜他都没放在眼里，鲁肃就更不值一提了。而且，关羽的好胜心越来越强，旁人眼中越是凶险之事，他越是要去闯一闯，以昭示自己的与众不同，唯我独尊！
危险
前方悬崖
马良是目前荆州的首席谋士，他也表达了和关平同样的看法。这个时候，越是劝阻，越是会助长关羽的好胜心，让他不顾一切地实行自己的疯狂行动。
马良
哈哈！我在千军万马之中，匹马纵横，如入无人之境，难道还会怕江东几个鼠辈吗？
春秋时，赵国的蔺相如，手无缚鸡之力，竟然在渑池会上，视秦国君臣如无物。我可是万人敌，又怕他何来？我已经答应鲁肃了，不去可就失信了。
将军即便要去，也要做好充分的准备，以保平安。
哈哈！我只需让关平挑选快船十只，带上五百军兵，在江上等候，只要见我红旗招展，就过江来接我就行了。
马良无奈，没敢再劝，唯恐说了之后，关羽连这五百军兵都不准备了，默默退下。由此，鲁肃的一个疯狂想法，引发了关羽的这一次疯狂行动。

心理感悟：压力，特别是持续的强大压力，足以让一个好人变成恶魔。

关
次日辰时，只见江上一只小船驶来，一面大旗在风中招展，上书一个大大的“关”字。关羽坐在船上，旁边周仓手捧大刀，两边十余个关西大汉侍立。
鲁肃绝对没想到关羽竟会如此轻车简从前来！关羽此举，在双方较量的第一面上，从气势上以绝对性优势压倒了对方。鲁肃将关羽迎入亭内，举杯劝饮。关羽谈笑自若，浑若无事。
酒至半酣，鲁肃硬着头皮，开始讨要荆州。
关君侯，以前令兄从我东吴借了荆州，至今没有归还之意，从道理上来说，这不是失信吗？
我们还是喝酒吧，莫谈国事。
当初借荆州给你们，是因为你们兵败没有安身之地。现在你们得了益州，还是没有归还之意。这次割让三郡，您又不同意。您自幼熟读诗书，仁义礼智信五常之道肯定是熟知的。现在君侯您别的都不缺，就差这个“信”字了。
鲁肃的口才并不好，但这番话句句占理，更用“信”字攻击关羽的软肋，让关羽觉得很难抵挡。
信

关羽此行，虽知鲁肃用意，但总觉得江东鼠辈，又有什么能耐能为难了自己，也就未作事先准备，现在被鲁肃这番话挤兑得下不了台。
赤壁之战，我兄率众，戮力破贼，难道就不应该得到一块土地容身吗？
情况并不是您说的那样。当初你们兵败，人马稀少，计穷虑极，我主上是同情你们，才借荆州之地给你们容身。现在豫州已经得了西川之地，却仍然贪图荆州，就说不过去了。
关羽把责任全部推到了刘备头上。这也说明，鲁肃通过互惠原理的指责和索取威力十分强大，让关羽无从抵挡。关羽的这一招本是反制互惠原理的高招。但他没想到，鲁肃还掌握了一件秘密武器。
鲁肃运用了互惠原理，一再强化对刘备施加的恩惠，让关羽词穷理屈。关羽顿时想起了当年在延津口岸，向刘延借船欲渡黄河，刘延推脱说一切由夏侯惇决定，让自己无法勉强。
这都是我兄长的事，不是我所能干预的。
如果关羽是一把锁，那么唯一的钥匙就是刘备。懂得这个秘密的人，三国里只有两个。曹操和诸葛亮都不懂，所以他俩费尽心机，也始终没有让关羽心悦诚服。但鲁肃却是懂得的。另外一人就是蜀国的司马费诗。
您这样说就不对了。你们刘关张三个人，当初在桃园结义，誓同生死，刘备即是关羽，关羽即是刘备。您怎么能以这样的借口推脱呢？

天上地下，唯有德者居之，荆州难道就只能属于你们东吴吗？
“刘备即是关羽，关羽即是刘备”，这是刘关张最昭显于世的招牌！鲁肃以子之矛，攻子之盾，关羽哪还有话说？正在尴尬之时，周仓吼了起来。
周仓这一插科打诨，却解了关羽之围。周仓的这一做法，是标准的“**强行中断法**”，一般用于谈判中对方得势不饶人，己方词穷理屈，无可抵挡之际。运用这种策略，往往需要两人或多人配合，且在事先安排好。不过周仓倒是自发行为。
强行中断法
关羽立即抓住了这个机会，夺过周仓手中大刀，怒斥周仓，边骂边目示周仓，赶快去招展红旗，让关平快舟过江来接。
这是国家大事，你在这里胡说八道什么？！
周仓会意，急急奔出，到岸边，把红旗一招，关平在江对岸看见，当下船如箭发，急过江来。
关羽通过骂周仓，结束了这一段尴尬的对话。关羽右手提刀，左手拉住鲁肃，佯装酒醉。
子敬，我已经喝醉了，只怕胡言乱语，伤了故旧之情哪。改日我再请你到荆州赴宴吧。

关羽边说边强拉着鲁肃往岸边走。鲁肃看着关羽手提的青龙偃月刀，吓得魂不附体。吕蒙、甘宁见状，唯恐伤了鲁肃，只能眼睁睁看着关羽来到船边。
关
关羽登上快船，和鲁肃告别而去。鲁肃终于明白，光讲道理，是不能在这个世上横行无阻的。荆州靠嘴巴是讨不回来的。只有真刀实枪，才是这个世界上最硬的道理。
枪杆子才是硬道理！
鲁肃立即向孙权汇报，要求起兵进攻荆州。
起倾国之力，也要出这口恶气，把荆州夺回来。
要说关羽的运气实在是好，正当孙权筹谋起兵之际，曹操又起三十万大军来进攻。孙权只好先移兵向合淝，迎战曹操。
孙权的部署却给关羽造成了一种错觉。关羽觉得自己单刀赴会，尽情戏耍了鲁肃之后，全身而退（加上此前自己怒斥东吴前来交接的官吏），东吴受了这等奇耻大辱后，竟然毫无反应，谅必是被吓破了胆。从此，江东人士全是鼠辈的刻板印象就在关羽脑海中深深扎了根。

心理感悟： 骄傲是一趟越行越快、只通往失败的单程列车。

却说刘备又夺了汉中。此时刘备坐拥荆州、益州、汉中，土地广有，人丁兴盛，达到了个人历史上最辉煌的时刻。
苦苦追随刘备的部下在艰辛的付出和漫长的等待之后，也终于迎来了扬眉吐气的时刻。对于他们来说，当前最迫切的就是要一个名分。于是，众人决定要尊刘备为帝。这样，老大进步了，大家都能名正言顺地跟着进步。
众人要诸葛亮牵头，推动刘备称帝。诸葛亮之所以愿意辅佐刘备，也是为了得到一个平台和名分，实现超越管仲、乐毅的功绩。所以，诸葛亮一口应承，来见刘备。
献帝懦弱，曹操专权，天下百姓实是无主。现在主公得了两川荆襄之地，威震四海，正可以应天顺人，即皇帝位，名正言顺，也好征讨国贼曹操。请主公选择吉日登基。
你怎么会说出这样大逆不道的话来？！我虽是汉室宗亲，始终也是汉帝之臣啊。如果我做了此事，和谋反又有什么区别呢？
主公，现在天下分崩，英雄各霸一方。四海有才德者，同声相应，同气相求。大家舍生忘死，各事其主，不是为名，就是为利。如果今天您为了大义，避嫌不肯继位，手下诸人，就没有图望了，不久就会四散而去，各奔前程。主公您要深思啊！

僭居尊位，吾实不敢！
你们再商议一下吧。
刘备为什么会拒绝诸葛亮的称帝建议呢？是他真的不想称帝吗？答案是否定的。
刘备小时候就说过“我将来要当天子”的话。后来命途挫折，但支撑他屡败屡战的正是这个念头。况且，此前他攻下西川，对群臣大加封赏，多人被封侯，其行为已经和皇帝没有区别了。你想想，你刘备有什么资格封关张马等人为亭侯呢？
既然如此，为什么诸葛亮不能说服他，反而遭到他的拒绝呢？诸葛亮劝说失败的原因，与其说是他对政治形势判断不明，还不如说他对刘备的心理活动了解不够。
如果今天刘备率先称帝自立，立即就会在道义上落了下风，将自己此前苦心经营的名誉积累全盘颠覆，也就给了曹操一个最好的反击理由。此前僭越称帝的袁术、袁绍兄弟，都早已被曹操以平叛反贼的名义镇压。曹操如果在道义和实力上都占了上风，刘备哪里还是他的敌手呢？
平叛反贼

此前孙权也早就想称帝，却先给曹操上书，尊请他称帝，却被曹操识破。孙权的算盘是，只要曹操一称帝，汉室原来的正统就没了，自己也就可以随之称帝而不受道义谴责。这种“从众”的事情是但做无妨的。
你先请。
你先请。
刘备的思路和孙权的大致相似。而刘备比孙权更重视“名声标签”对自己的约束。刘备深知自己向来空空两手，之所以还能拢聚一批人才，就是靠的这口口相传的好名声。如果将这名声玷辱了，恐怕立即就会失去号召力和凝聚力了。
对刘备来说，有皇帝之实的事但做无妨，但却万万不能有皇帝之名。从诸葛亮今日的劝说来看，他还是没有精准把握刘备的微妙心理。但诸葛亮如果不能劝说成功，对自己的影响力也是一个重大打击。他的威信也就要大打折扣了。
失败
诸葛亮立即使出了“**闭门羹**”**技巧**。当你想要达到一个较小的目标，却先提出一个远远超过你预期目标的大要求。当这个大要求被拒绝后，你原本的小目标就可以顺利实现了。
“闭门羹”技巧也可以在被动状态下使用。即我本来想要达到的大目标被拒绝了，那么我立即提出一个较小的要求，往往会得逞。这样，虽然没有达到理想的目标，但也有些收获，不至于空手而归。

心理感悟：名声是一柄双刃剑，既可以给你带来滚滚利益，也会束缚住你的手脚。

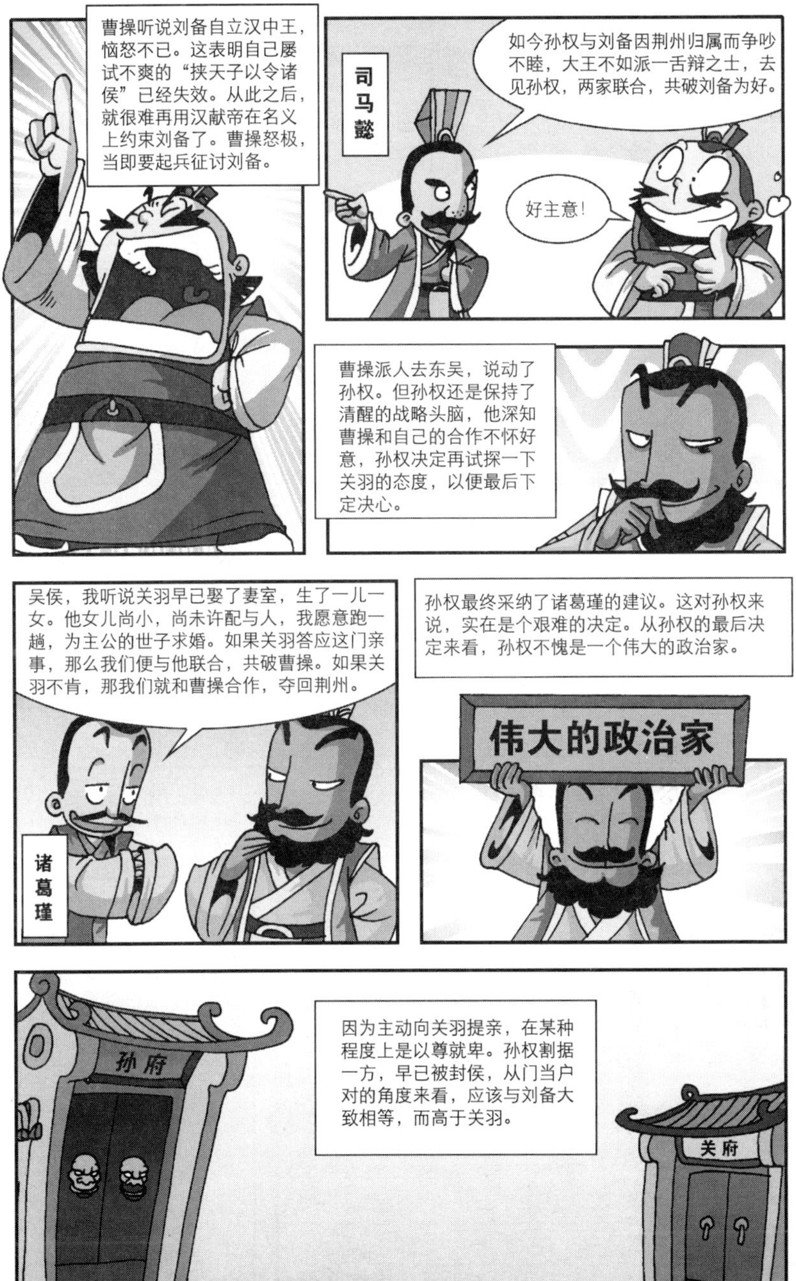
曹操听说刘备自立汉中王，恼怒不已。这表明自己屡试不爽的“挟天子以令诸侯”已经失效。从此之后，就很难再用汉献帝在名义上约束刘备了。曹操怒极，当即要起兵征讨刘备。
司马懿
如今孙权与刘备因荆州归属而争吵不睦，大王不如派一舌辩之士，去见孙权，两家联合，共破刘备为好。
好主意！
曹操派人去东吴，说动了孙权。但孙权还是保持了清醒的战略头脑，他深知曹操和自己的合作不怀好意，孙权决定再试探一下关羽的态度，以便最后下定决心。
吴侯，我听说关羽早已娶了妻室，生了一儿一女。他女儿尚小，尚未许配与人，我愿意跑一趟，为主公的世子求婚。如果关羽答应这门亲事，那么我们便与他联合，共破曹操。如果关羽不肯，那我们就和曹操合作，夺回荆州。
诸葛瑾
孙权最终采纳了诸葛瑾的建议。这对孙权来说，实在是个艰难的决定。从孙权的最后决定来看，孙权不愧是一个伟大的政治家。
伟大的政治家
孙府
因为主动向关羽提亲，在某种程度上是以尊就卑。孙权割据一方，早已被封侯，从门当户对的角度来看，应该与刘备大致相等，而高于关羽。
关府

更重要的是，这等于是把以前刘备不肯归还荆州，关羽羞辱诸葛瑾、鲁肃以及前去交割三郡的官员等全部一笔勾销。这是需要极大的胸怀和度量的。
而孙权之所以吞下这口恶气，和关羽玉帛相见，是因为他知道曹操是个极可怕的敌人，与他联合攻破刘备后，下一个倒霉的必将是自己。只有和刘备一方联合，才能保持和曹操攻防均势。
诸葛瑾兴致勃勃来到荆州。没想到，派人通报关羽，竟没人前来迎接。诸葛瑾是好脾气，也不介意，径直走进关羽的府邸。
子瑜这次来有何贵干啊?
诸葛瑾心想，先提提阿弟总是没错的，说不定傲慢的关羽接下来能多给自己一点颜面。从常规来说，诸葛瑾这套做法是很管用的。交往的双方以一个双方都熟悉的人或事物为谈话的起点，往往能够打破僵局，进入融洽交往的阶段。
诸葛瑾一直没有搞清楚自己阿弟和关羽之间的微妙关系，所以，这次他依旧旧话重提。
我想我兄弟侍奉汉中王已经很久了，所以这次特地前来，以求两家结好。
但凡事都有例外。一旦这个作为中介的人或物为某一方所厌恶甚至痛恨的话，那么就会起到反作用，反而会恶化双方接下来的交往过程。
恶心死了!

不提诸葛亮还好，一提诸葛亮，关羽的脸就拉下来了。
子瑜，到底是怎么个两家结好？
我家主公有一个儿子。我听说将军你有一个女儿，特地来求亲。这不就是两家结好吗？然后咱们两家合力攻破曹操，这不是于公于私都好的大美事吗？哈哈哈……
你们孙权的犬子，怎么配得上我的虎女？我要是不看你弟弟的面子，立即就斩了你！
诸葛瑾狼狈逃出，暗自称幸：“要不是阿弟面子大，恐怕今天小命就不保了。”他哪里知道，如果不是他阿弟，关羽至少会客客气气地婉言拒绝，不会这般冷酷无情。
荆州
关羽拒绝诸葛瑾提亲主要是因为他自视甚高，对东吴人众轻视已极，觉得孙权之子配不上自己的女儿。当然，如果孙权用一个能言善辩之士当使者，开始就晓之以理动之以情，结果可能会好很多。在很多时候，消息的传递者往往比消息本身更重要。

关羽拒亲充分暴露了他在战略眼光上的重大缺失。他根本没有将诸葛亮谆谆嘱托的“八字方针”放在心上。这也说明，他心中对诸葛亮的块垒始终没有消退。
八字方针
关羽图一时之快，使孙权的自尊心受到了极大的伤害。他下狠心要将关羽置于死地。
主公可请曹操派曹仁从樊城出兵，关羽必然起兵与之抗衡，我方则可趁机暗中袭取荆州。
步骘
孙权同意，派使者去见曹操。曹操大喜，当即命令曹仁出兵。
刘备的细作打听到曹操与东吴暗合，欲取荆州，飞报刘备。刘备急忙找诸葛亮商议。
我早已料到曹操会有此谋。
那该如何应对呢?
主公刚刚封了五虎将，关羽尚未得知，可派一个使者将官诰送于云长，然后命令他起兵夺取樊城，让曹军胆寒，攻势自然就瓦解了。

诸葛亮的这番判断是建立在关羽非常忠实地执行了自己“八字方针”的基础上的。如果是这样，东吴必然与曹操貌合神离，不会真正对荆州动手。关羽只需应对曹仁一敌，胜算自然很大。
但诸葛亮根本不知道关羽已伤透了孙权的心，孙权非得将关羽置之死地而后快。诸葛亮连这些情况都不去了解，就轻率地作出判断，怎么说也是失职的。
渎职罪
审判台
刘备从了诸葛亮之计，派前部司马费诗带着封赐诰命，赶赴荆州去见关羽。关羽得知兄长已经就位汉中王，由衷地为兄长感到高兴。
汉中王新封了五虎大将，将军位居首位啊!
费诗
哪几个人受封五虎将啊?
关张赵马黄是也。
翼德是我兄弟，孟起世代名家，子龙久随吾兄。这几个人位与我同列，我没什么意见。黄忠是何等之人，竟能与我同列？我坚决不和这种老兵头同列。

费诗怎么也没想到会发生这种事，好在他为人机变，立即一阵大笑。急速想好了应对之词。如果说关羽是一把锁，刘备就是唯一的钥匙。知道这一点的，只有鲁肃和费诗。
哈哈哈！
将军，您这就不对了。那些成就帝王基业的人，所用的绝不止一个人。当年萧何、曹参自幼和高祖亲善。陈平、韩信是后来逃亡而来。但最后，论到班次，反而是韩信最高，而萧何、曹参没有任何怨言。
汉中王加封黄忠为五虎大将，这也说得过去。在夺取两川的战役中，老将军确实立下了汗马功劳。而且，汉中王对待将军你的情意，哪里是和黄忠一样呢？汉中王和您有结义之情。将军您就是汉中王，汉中王就是将军，哪里还能分什么你我彼此呢？将军您绝不能计较官位之高下、爵禄之多寡啊！
我实在是愚蠢啊，竟然说出那么蠢的话来。若非司马见教，几乎误了大事啊。
修锁开锁
刘备即是关羽，关羽即是刘备。只要搬出这把钥匙，对关羽责以大义，无有不中。可惜诸葛亮一直没有找到这把钥匙……

心理感悟：蔑视一个人的最好做法就是无视他的存在。但越是这样，被蔑视者越是要证明自己的存在。

威震华夏

原来却是傅士仁和糜芳二人在军帐中饮酒，喝到酣处，不慎撞翻烛火，烧着了军帐，火势迅速蔓延，竟引爆了火炮，炸死不少士卒，军器粮草全部烧个精光，全营震惊。关羽引兵将大火扑灭。
关羽痛斥糜芳、傅士仁，命令将二人推出斩首。
未曾出师，先斩大将，恐于军不利。请将军暂时免了他们的死罪。
糜芳
傅士仁
关羽改令廖化当先锋，关平为副将。关羽独掌荆州已经快十年了。这十年间他可以说就是“荆州王”。他的治军方略和风格直接影响到整个部队的战斗力。作为先锋，发兵之前必要做好充分的战斗准备，进入高度警戒的临战状态，但傅士仁和糜芳之所以敢在出征之前滥饮狂欢，说明关羽所部军纪松弛已经到了非常可怕的地步。
关羽是一个不给任何面子的人，但此前费诗对他的说服影响力尚在，关羽竟听了进去。免了傅糜二人的死罪，各打四十杖，罚糜芳去守南郡，傅士仁去守公安。
要再有什么差池，等我得胜回来，二罪并罚，绝不轻饶！
荆州
荆州这十年来，稳如磐石，其实靠的不是关羽所部的战斗力，而是他个人的名望威力。但日久士卒难免松懈。加之关羽傲慢自大，只喜宏观表面，忽略微观细节，终于放任自流，酿成今日之灾。

美国斯坦福大学的心理学家菲利普·津巴多 1969 年曾经进行过一项试验。他找了两辆一模一样的汽车，把其中的一辆摆在帕罗阿尔托的中产阶级社区，而另一辆停在相对杂乱的布朗克斯街区。

停在布朗克斯街区的那一辆，他把车牌摘掉了，并且把顶棚打开。结果这辆车一天之内就给人偷走了。而放在帕罗阿尔托的那一辆，停了一个星期也无人问津。

后来，津巴多用锤子把那辆车的玻璃敲了个大洞。结果仅仅过了几个小时，这辆车就被偷走了。

以这项试验为基础，政治学家威尔逊和犯罪学家凯琳提出了“破窗理论”。如果有人打坏了一个建筑物的窗户玻璃，而这扇窗户又得不到及时的维修，别人就可能受到某些暗示性的纵容去打烂更多的窗户玻璃。

久而久之，这些破窗户就给人造成一种无序的感觉。结果在这种公众麻木不仁的氛围中，犯罪就会滋生、繁荣。

心理感悟：灭小方能为大，苛己方能严人。

大军将行，关羽却做了一个梦。梦见一只黑猪，其大如牛，奔入帐中，直冲自己而来，狠狠地咬了自己的脚。关羽急忙拔剑斩之，只听到声音像撕裂了布帛一样。
关羽惊醒后，连忙叫来关平，诉说此梦。
关平
我有一种不祥之感，看来我已经衰老了，不能再上阵杀敌了。
父亲不必多心。猪亦有龙象。龙附足，乃是升腾之意，随后必有吉祥。
实际上，各种文化都会以不同的方式对梦进行解析。也就是说，释梦是某一种特定的文化组织架构的一部分。中国人就有有中国特色的《周公解梦》。
周公解梦
梦的解析
弗洛伊德以其经典名著《梦的解析》闻名于世。一般人一提到梦的解析，就会条件反射地想起他。弗洛伊德将梦中的象征看成强烈的、无意识的、被压抑的愿望的符号表达，而且和性挂钩。
关平为何如此解释？实际上这是一种人类固有的选择性知觉。当人们自以为自己很客观地来看待这个世界时，其实不过是头脑中的带有倾向性的选择投射。对同一个事物，人们往往倾向于将其解释为符合自己预期的那个方向。
虎骨酒

1951 年，美国达特茅斯学院和普林斯顿大学的橄榄球队进行了一场比赛。一开场，普林斯顿的一个球员就被打折了鼻梁骨而离场。随后，达特茅斯的一个球员也带着一条伤腿离开。

最后，普林斯顿赢得了比赛，但比赛中双方都得到了同样多的黄牌和红牌。赛后，双方都互相指责。经媒体报道后，引发了一场关于球场上到底发生了什么以及该由谁来负责的大争论。

这场混战引起了艾伯特 · 哈斯托夫和哈德利 · 坎特里尔的注意。他们在 1954 年做了一个实验。他们向 163 名达特茅斯学生和 161 名普林斯顿学生询问：“从你观看的比赛现场或录像来看，你认为是哪支球队先挑起了事端？”

不出所料，达特茅斯的学生和普林斯顿的学生的反应存在着明显差异。达特茅斯学生中有 53% 的人认为双方都有过错，只有 36% 的人认为是达特茅斯队挑起了事端。

而普林斯顿学生中有 86% 的人认为是达特茅斯队挑起了事端，只有 11% 的人认为双方都有过错。

为了搞清楚到底为什么对同一客观事件，会有如此大相径庭的看法，哈坎二人再次在两所大学里找了两组学生，让他们观看这场比赛的录像，并要求他们采用相同的评价系统记录下他们所注意到的犯规行为。

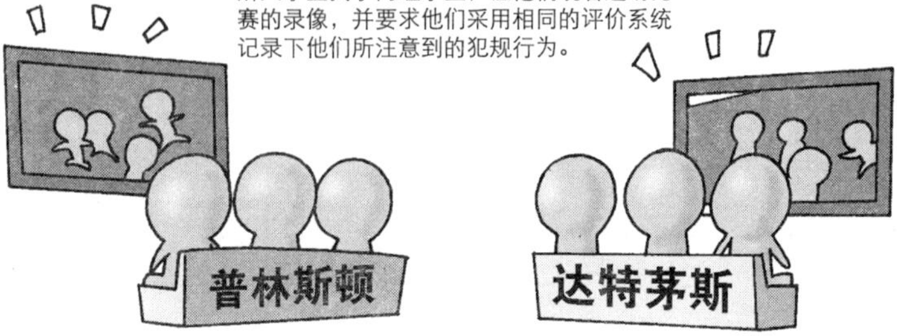

实验结果显示出了强烈的选择性认知偏差。达特茅斯的学生观察到两队的犯规行为几乎一样多。而普林斯顿的学生则观察到，达特茅斯队的犯规行为是普林斯顿队的两倍多。

双方的认知偏差如此之大，以至于当普林斯顿送了一份比赛录像的拷贝给一些达特茅斯校友供他们集体观看时，一个曾经观看过比赛录像的达特茅斯校友发现，他在这部录像中竟然看不到达特茅斯队的犯规行为。

哈坎二人由此得出结论：看上去这个比赛好像是许多场不同的比赛一样——人们常说，不同的人对于同一件事情有不同的态度。事实上，这种说法是不准确且具有误导性的。因为实际上对于不同的人来说，每件事情本身就是不同的。不管它是一场橄榄球比赛，还是一个总统候选人，又或是胡说八道。

对梦的解释也是如此。每个人都是有自己的利益立场的。关平的立场是他乐于见到关羽身体康健、事业腾达，这样才能带挈自己不断进步。所以，他不由自主地将关羽的噩梦解释成吉祥的征兆。
梦
吉
父子情深，关羽也知道关平的强烈倾向性，又再找来诸位下属商议。这些人有些附和关平的解释，认为是吉兆。也有些则说不祥。这些解释其实无不体现了各自的立场。
祥。
不祥！
那些认为此梦不祥的人，实际上只不过是比乐观派稍微客观了一些，最主要的原因恐怕还是他们和关羽的关系较为疏远，关羽的衰荣和他们自身的利益没有太大的关联。
不祥！
祥！
正议论之际，刘备的使者来到，宣布拜关羽为前将军，假节钺，都督荆襄九郡一切事宜。关羽领命已毕，属下众官顿时异口同声，连称关平释梦极有水平，果然是腾达之兆。
人在接受信息的时候也有选择性。这个梦本来是关羽的一种直觉，预兆着他将要经历人生最为跌宕起伏、惊心动魄的一段旅程。直觉是一种非常神秘的感觉，是不以人的意志为转移的。
直觉。
关羽的不祥直觉本来是对的。但以他这样傲视天下的人，又怎能轻易接受自己年迈体衰、运道转差的现实呢？所以，当众人祝贺他再次荣升后，关羽也坦然接受了“吉兆论”。

心理感悟：无论是现实，还是梦境，解释权都取决于你的立场。

关羽率大军直奔襄阳。曹仁正在襄阳城中，闻报大惊，准备坚守不出。但因部下强烈主战，这才与关羽对敌。关羽大军气势如虹，击溃曹仁所部。曹仁弃城而逃，死守樊城。
曹
关羽得了襄阳，自然心花怒放，自己镇守荆州十余年未动刀兵，一出手只一合就斩了曹仁手下骁将夏侯存，真是威风不减当年。
东吴吕蒙接替鲁肃继任都督，一直屯兵陆口，常怀吞并荆州之心，倘若他趁我军出兵襄樊，后方空虚，偷袭荆州，那该怎么办呢？
王甫
你去沿江上下，或二十里，或三十里设置烽火台。每个烽火台派五十名军兵把守。如果吴兵渡江袭击荆州，夜里就放明火，白天就举狼烟。我一得知讯息，立即亲自赶往，痛击鼠辈！
你与这里相距甚远，等你赶回，恐怕就来不及了。
现在糜芳、傅士仁二将据守南郡、公安两处，恐怕不能竭尽心力，荆州还需要一个人，负责总体调配统督。
我早已安排潘浚来统督调配了。你还担心什么？
潘浚此人，平生多嫉而好利，恐怕难抵利诱。不如用军前都督粮料官赵累替代他，以确保万无一失。

王甫最后这段话显然就错了。对于关羽这样心高气傲的领导，你能指责他所安排的人事有错吗？这样做的结果，必然是关羽更加坚持他原本的意见。
潘浚我向来是了解的。不然也不会用他。你好好地去把烽火台筑好了就行了。
实际上，无论是潘浚还是赵累，一旦东吴来攻，恐怕都不能当此重任。但目前关羽手下也就这么点人才了，也只能矮子里面拔将军了。
潘浚
赵累
再说曹仁退守樊城，又被关羽打败。曹操当即命令大将于禁前去救援。
于禁
大王，我要求一将，充当先锋，一同前去。
小将愿效犬马之劳！此去生擒关羽，献于麾下。
此人正是庞德，勇猛过人，原系马超部属，曹操攻占汉中后归于帐下。曹操大喜，于是加封于禁为征南将军，庞德为征西都先锋，令二人克日出征。
庞德
七军领头将校董衡来见于禁，一听说是庞德当先锋，不由大惊失色。
庞德原是马超手下的大将，不得已才投降了魏王。现今他的故主马超在刘备手下位居五虎上将。而且，庞德的亲兄长庞柔，如今也在西川为官。你让他当先锋，不是等于泼油救火吗？
董衡

于禁吓出一身冷汗，连夜去见曹操。曹操也是大惊，当即命人将庞德唤来，吩咐取回他的先锋之印。
庞德
我正当为大王效力，不擒关羽誓不复返。大王为什么不用我了呢？
我自汉中投降大王，每感厚恩，只恨不能肝脑涂地，回报大王。我嫂子不贤，被我杀了。兄长庞柔恨我入骨，哪里还有兄弟之情？故主马超，是个有勇无谋之徒，不能礼贤下士。所以我才会投奔大王。我誓死为大王效力，请大王明察。
庞德连连磕头，血流满面。
你在我部下已数年。我诚心对你，并无怀疑。但听说你的故主马超现在西川被重用，你兄长庞柔也在那里。我对你并不怀疑，但是其他人众口纷纭，就不好办了。
我知道你的忠义，前面所说，不过是为了堵他人之嘴罢了。你不用多心，这一去，好生建功立业。我绝对不会有负于你！
曹操确实是个有胆识之人，以庞德这样的出身，换成其他上司，任由他说破天，恐怕也不敢交付重任。但曹操察人至深，深知庞德忠义，而他这一番怀柔抚慰，则更能激发起忠贞报效之情！
精忠报我
曹操的做法，虽然略显狡猾，将怀疑庞德忠心的责任推卸到其他下属身上，但他随后对庞德的安抚，却也是一种非常了得的激将法。激将法一般分为两种，一种是针对能力的激将，另一种是针对态度的激将。
能力
态度
激将

心理感悟：怀疑之后再加怀柔，这才是激将的最高境界。

关羽听说庞德抬着棺材，口出不逊之言，前来决一死战，不禁大怒！
天下英雄，听到我的名头，无不抱头鼠窜。庞德是什么狗屁东西，竟敢轻视我！
关羽决定，由关平继续攻打樊城，自己分兵去截庞德，给这个不知天高地厚的小子以颜色。关平没想到父亲年近六十，竟然还如此血性，急忙劝谏。
我自出道以来，但凡战斗，从未落在人后。庞德是什么东西，竟然侮辱我！
父亲纵横天下三十年，英名远播于江湖，何必因为一个无知妄人而动怒呢？这不就是以泰山之重，却和一块小小的顽石一争高下吗？我愿意替代父亲，前去迎敌。
螳螂即使愤怒了，也难以挡住车轮。庞德不过是一个小小鼠辈，哪里用得着父亲亲自出马啊？
关平确实是个可造之才，跟着关羽这些年来，文韬武略都有了长足的进步，但关羽的骄纵毛病却没有沾上一点。他这番话晓之以理、动之以情，真的说服了关羽。关羽同意关平先去迎敌，自己随后赶到，另派廖化进攻樊城。

庞德与关平大战三十余合，不分胜负。次日，关羽赶到，庞德一见关羽，热血翻涌。
关
大胆关羽，我奉魏王旨意，来取你的脑袋，连棺材也给你准备好了。你若怕死，赶快下马投降！
关羽大怒，拍马直迎庞德。庞德横刀来战。两人大战一百余合，不分胜负。双方鸣金收兵。关庞二人，各自佩服对方。
次日再战，还是不分胜负。庞德诈退，欲施拖刀计，但被关羽喝破。庞德见战关羽不下，恼羞成怒，就偷放冷箭。关羽向来不善防范箭射，一箭正中左臂。
庞德回马来斩关羽，却听得本营中收兵锣声大作，不敢有违，恨恨退回。这边关平急忙救回关羽。
关羽的运气真是好到了极点。救了他一命的正是曹营主帅于禁！庞德十分纳闷，为什么在力擒关羽大好良机时鸣金收兵。
魏王早有戒令。关羽智勇双全，他虽中箭，我担心其中有诈，故而收兵。

于禁救关羽，是出于对庞德的嫉妒。关羽名震天下，尤其曹操的众将，终身都难忘记在华容道上关羽刀下逃生的难堪一幕。今日如果让庞德这个无名小卒斩了关羽，立了大功，那么这些老臣宿将的颜面要往哪里放？
曹
当然，这也怪庞德事先太过张扬，早早宣称一定要斩杀关羽，毁了关羽三十年横行无敌的名声。却不知，这一番言行，早就刺痛了曹营老将们的微妙心理。
杀关羽
曹
庞德见关羽受伤，就想一鼓作气引军搦战。但关羽坚守不出。而于禁经常拿着曹操的训诫，鸡毛当令箭，困住庞德手脚，不想让他立功。却不知，对关羽的纵容，无异于养虎遗患。
于禁将精锐七军移至樊城北面十里，依山扎寨。他自领大军在前，却令先锋庞德屯兵于谷后，只是不想他建功。于禁这一嫉妒，拖延了时日，关羽的箭伤可就渐渐痊愈了。
关羽登高察看地形，只见城北十里，山谷之内屯有曹兵。再见襄江、白河水势滔天，不禁大喜。当年诸葛亮火烧新野时，曾派关羽去决白河之水，水淹曹兵，创造了以弱胜强的经典战例。
曹
经历是最好的老师，今天关羽就如法炮制，吩咐诸将准备船筏，收拾水具。关平不解，关羽道其详，关平这才想起当年故事，不禁十分佩服父亲随形就势，活学活用。

魏军细作探知荆州军移于高处扎营，又于汉水口预备战船木筏，心知不妙，立即报给于禁。关羽的好运气又一次降临。于禁这个行军用兵多年的大行家，竟然置若罔闻。
当夜，关羽下令决江放水。大水奔腾，曹军四处逃窜，被巨波大浪吞噬者不计其数。是谓“水淹七军”。
曹
关羽所部乘船追击，魏军死伤无数，纷纷投降。于禁束手被擒。庞德虽奋勇苦战，但哪里能够抵挡？也被擒下，送至关羽面前。
关羽自得不已。经此一战，关羽的威望到达了极点，而内心的骄傲也达到了极点。于禁向来畏惧关羽神威，这次更是失魂落魄，拜伏于关羽面前哀求饶命。
你向来知道我神威，怎么敢率兵前来攻我？
我哪里敢和君侯对敌。只是上命所差，不得已才来啊。
哈哈，我杀你就像杀一条狗一样，白白玷污我的宝刀。
关羽命人将于禁解赴荆州大牢中监押，又吩咐将庞德带来。庞德傲立不跪，关羽怜其勇猛，又深感手下缺人，有心将他收归己用。
你兄长在汉中，故主马超也在侍奉我兄长刘备。我有心收你为将佐，你还不快快投降！

心理感悟：得意不可忘形，失意亦不可忘形。

关
关平赶紧将关羽救回。关羽拔出箭竟见其上有毒，不禁大骂曹仁不仁！
当年周瑜就曾被曹仁部下的毒箭射中，虽得及时救治，但也不像平常箭伤恢复得快，而且不能动气，否则就有性命之忧。周瑜就是被诸葛亮所气，导致箭伤复发而死。
周瑜
就是因为你！
曹仁
关
我父臂膀受伤，不能出战，不如暂且撤回荆州调理休养。
关平
王甫
王甫早就对荆州后方空虚忧心忡忡，立即同意。
君侯右臂受伤，我们担心于您贵体不利。因此众人商议，可暂时班师退回荆州，好生调理，再做计议。
关羽右臂虽肿，却丝毫没有疼痛之感，正坐在帐中谈笑如常。
你们来有何事禀报？

攻取樊城，就在眼前。去了樊城之后，就当直捣许都。剿灭曹操，兴复汉室，乃是我平生大愿。
怎能因为这小小箭伤就耽误大事呢！你不要再多说了，快退下！
关羽之所以如此反应，有两个原因。第一，他天赋异禀，体格强健，痛点要比常人高得多，所以对这箭伤丝毫没觉得疼痛。
小意思。
第二，关羽此刻威名震动天下，他的自我感觉也良好到了极点，已经不知不觉在潜意识中将自己视为无所不能了。
这点儿小伤能奈我何？樊城指日可克，接下来定是势如破竹，一举奠定灭曹兴汉大业！
关羽虽自视为神，毕竟仍是血肉之躯。这箭伤得不到有效疗治，一日重于一日，渐渐这右臂已经不能动弹了。
这项丰功伟业一旦完成，天下还有谁能与我相提并论？

一天，突然有一人从江东自驾小舟前来。此人自称是沛国谯郡人士，名叫华佗，听说关羽乃天下义士，中了毒箭，特来医治。
华佗
关
您就是神医华佗先生啊!
过奖了，本人就是华佗。
关平大喜，立即引入军中。
此时，关羽臂痛日趋加剧，但为了不在部众面前失了面子，乱了军心，也就避而不谈，每日只是和马良下棋消遣。
这毒箭上面涂了乌头之药，直透入骨，如不早日诊治，这条臂膀就没用了。
该如何治疗呢?
办法是有的，不过我担心说出来君侯您害怕罢了。
华佗无意中使用了激将法，这是对关羽胆量的挑战（能力怀疑的一种表现形式）。关羽最痛恨别人激将，也最容易被别人激将。

我连死都不怕，这世上还有什么可以让我害怕的?
哈哈，哪里需要这样费事啊。你直接来就行了。
应该在地上挖坑，立上一个大木柱，然后在柱子上钉上一个大铁环，请君侯将臂膀伸入铁环之中，用绳子牢牢绑住。然后用被子蒙住您的头脸，我就用尖刀割开皮肉，直到见骨，将箭毒尽数刮去，敷上伤药，再缝上伤口，就没事了。
我虽行医日久，阅人无数，但却从没见过这等豪迈不羁之人啊!
关羽吩咐备酒，依旧和马良下棋，伸开臂膀，便叫华佗动手。
华佗取尖刀，割开关羽臂上皮肉，深可见骨，只见骨上颜色已青。

刮骨之声，窸窸作响，帐中众人听了或掩面不敢再看，或掩耳不敢再听，纷纷失色。独有关羽，饮酒食肉，拈子下棋，浑若无事。
马良素来棋艺高过关羽，但今日身临其境，竟然心神不定，连连失误，被关羽杀了个丢盔弃甲。
哈！将！
我行医一生，像君侯这样的人，真是从来没有遇见过啊。君侯真乃天神也！
华佗刮毒完毕，敷好伤药，缝合伤口。关羽随即伸展胳膊，只觉得活动自如。
华老神医果真名不虚传啊！
华佗此叹，不仅代表了他本人，也代表了周边所有的人。由此，关羽的神化地位也得到了公认。
刮骨疗毒这样一个痛彻肺腑的外科手术，关羽为什么丝毫没有感觉疼痛难忍，反而是谈笑风生呢？

1978年，肯尼斯·克雷格和肯尼斯·普克钦做过一个实验。他们对参与实验的被试的左前臂进行电击。电击的强度从轻微等量加强。

每次电击后，被试就在一个1到100的量度表上标出觉得不舒服的程度。当其把某次电击的强度评价为100的时候，实验立即结束。

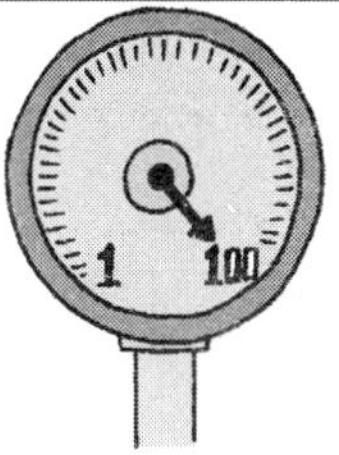

这个实验一共有两个条件，分别是忍耐模范条件和控制条件。在忍耐模范条件下，与每个被试配对的是一名假扮成被试的研究者的同事。真正的被试总是先进行测试，假扮的被试随后进行测试，他的疼痛评价总是比真正的被试低25%。在控制条件下，假扮的被试只是在一旁观察被试。

研究发现，当被试与忍耐力强的假扮被试一起配对时，真正的被试不仅会有较低的疼痛评价，而且他们真的显得体验到较少的疼痛。

在忍耐模范条件下，虽然电击强度提高了，但被试却比控制条件下的被试有较少的心率反应和较低的前臂皮肤电压。

也就是说，当人们把自己与一个有高的疼痛耐受性的人做社会比较的时候，这种比较实际上会导致人们体验到比正常情况时较少的疼痛。

关羽自视为神，傲视凡夫俗子，认为他们眼中的疼痛，对自己来说并不算什么。在这种潜意识主导下，关羽的疼痛耐受性要远远高于常人。
关羽又好面子，华佗说得越严重，他越是要在人前维护自己的高自尊。
再加上关羽一边诊疗，一边饮酒，一边下棋，且连连得手，远比平时赢得畅快淋漓，也部分分散了关羽的注意力。
关羽治疗完毕，设宴款待华佗。
君侯贵体，必要爱惜。百日之内，决不可动气，自会恢复如初。
关羽吩咐取来黄金百两，以谢华佗。华佗坚辞不受，留药一帖，以敷伤口，飘然而去。
综合以上因素，关羽在没有麻醉的情况下做外科手术，却神色如常，毫无惧意，毫无疼痛的原因也就不难理解了。
心里感悟：感觉从来没有绝对过。

败走麦城

关羽擒于禁，斩庞德，威名之盛，一时无双。曹操在许都收到讯报，大惊失色。
樊城必然难以坚守，如果关羽乘胜追击，直捣许都，恐怕连我也要成为他的阶下囚。
曹操是一个雄才伟略的战略家，绝非胆小怕事之徒。那么，他为什么会如此害怕关羽呢？
关门。
别提“关”字！
此时的关羽在某种意义上已经成了一个神话般的权威人物。对权威的迷信和过度反应，会让人丧失一切机会。但让曹操害怕的不仅仅是关羽，还有关羽背后的诸葛亮！
曹操的分析是这样的：关羽气势正盛，所向披靡，如果诸葛亮以关羽为先锋，随后亲率大军，倾巢出动，再加上孙刘联手，那么自己很快就会被逼上绝路。
诸葛亮的《隆中对》早已传遍天下。“待天下有变，则命一上将，将荆州之兵，以向宛、洛，将军身率益州之众，以出秦川。百姓孰敢不箪食壶浆，以迎将军者乎？诚如是，则霸业可成，汉室可兴矣。”

这几句话几乎成了曹操的座右铭，无时或忘。而目前的这个时机，正是诸葛亮所说的“天下有变”。曹操认为，诸葛亮一定不会放过这个天赐良机的。
隆中对
曹操这一举动，却给了司马懿一个机会。司马懿在曹操手下一直不得志，这次好不容易看到一个机会，连忙站出来，激动得声音都有些发抖。
绝对不行！
曹操担忧不已，顿起迁都之意，当下召集文武商议此事，以此为自己的这个重大决定寻找更多支持，减轻自己作决策的心理压力。
刘备、孙权面和心不和。孙夫人归吴后即不复返，孙权为子向关羽提亲又被羞辱，诸如此类之事皆为明证。如果大王再命舌辩之士去见孙权，以江南之地封与孙权，令其暗中起兵，蹑在关羽之后，必能牵制关羽。何必兴师动众，劳民伤财而迁都呢？
再强悍的人也有脆弱的时候。曹操向来极有主见，司马懿平素要是敢这样出来胡乱反驳自己的意见，曹操说不定要了他的小命。但今天司马懿的话却击中了曹操的内心深处。
4
曹操想迁都，只不过是无奈之举。所以尽管司马懿反驳了自己的想法，但却提醒曹操事情还有另外一种可能。

孙权对自己心怀鬼胎，曹操一向是心知肚明的。但现在关羽气焰嚣张，孙权一定不高兴。在这个节骨眼上，孙权不想刘备坐大，那么和自己联手也就是水到渠成的事了。
孙
只要孙权和自己合作，诸葛亮的“天下有变论”就失去了价值。如果他要倾巢出动，东吴在背后插上一刀，刘备腹背受敌，就会再次失去立身之本。以诸葛亮之谨慎，绝对不敢轻举妄动。
曹操掂量之后，采纳了司马懿的意见。曹操派徐晃率兵支援樊城，又派遣使者入吴游说孙权，孙权果然被说动了。
即使关羽锋芒再盛，也不过是孤军深入，后继无援，那么许都也就可保无忧，用不着迁都了。一切的关键点都在于孙权。孙权助刘，则曹魏必败；孙权助曹，则关羽必亡。
现在关羽威震华夏，我听说曹操准备迁都以避。现在樊城危急，曹操才会前来求救。事成之后，恐怕又会反复。
张昭
孙权也召集文武商议。
这个张昭，虽是两朝重臣，但其战略眼光却是最差的一个人。如果孙权采纳了他的意见，继续和曹操玩“躲猫猫”，那么关羽确实就可保后防无忧，长驱直入，直逼许都了。
看不见!

但历史注定，决定关羽命运的不是张昭，而是驻守在外、匆匆赶回的吕蒙。如今他接替鲁肃继任都督。吕蒙探知关羽远离荆州，当然不会放过这个夺回荆州的好机会。
孙权听了吕蒙汇报，当即同意吕蒙攻取荆州的建议。吕蒙得令，立即回到陆口，准备攻取荆州。
令
曹孙两家为了应对关羽和争夺荆州，交流往来，络绎不绝，而刘备这边却置若罔闻，毫无动静。在诸葛亮一直在等的“天下有变”终于出现的时候，他却没有任何反应。
天下有变
这是上天赐给诸葛亮的最好良机。关羽威震华夏，曹操怕得以至于要迁都。而诸葛亮手下正是兵强马壮，猛将如云！图谋霸业，超越管仲、乐毅，正当其时！但诸葛亮竟然毫无动静！
馅饼
如果说诸葛亮由于路途远隔，不知晓关羽和荆州的近况，那他就是失职。因为曹操要迁都，连张昭都听说了，诸葛亮没有理由不知道。如果说诸葛亮知道了，却没有看出这是个最好的战略良机，或者看到了这个好机会，却还是不作为，那他更是失职。
战略地图

对诸葛亮的这种心理，根本找不到任何可能的解释。时机就此一去不返。此后，诸葛亮终其一生也没有再遇到这样好的机会。
此题无解！
吕蒙回到陆口，准备动手。但却得知关羽每隔二三十里，就设置了烽火台，只要荆州有变，立即就杀回，不由吓出了一身冷汗！关羽的声威此刻确实达到了顶峰，无人不惧！
其实，就算烽火台发挥作用，关羽闻讯赶回，也需要时日，根本不能阻止吕蒙袭取荆州。吕蒙害怕的是，关羽回来之后，自己根本守不住荆州。
荆州
对权威的迷信和过度反应，会让人丧失一切机会。但好在这世界上还是有两类喜欢挑战权威的人。一类是迫切想要出人头地，但却找不到正常途径的人。另一类是初生牛犊不怕虎的人，因其无知，所以无畏。
没有夺回荆州，责任是前任的。得而复失，罪过可就是自己的。吕蒙算清了这笔账，再也不敢提袭取荆州了。他唯恐孙权催促，只好装病不出。
吕府
病假

第一类
这样的人，曹操和孙权各拥有一个。曹操手下的人叫做司马懿，属于第一类。孙权手下的人叫做陆逊，属于第二类。
陆逊
第二类
孙权见吕蒙生病，取荆州之事再度搁浅，心中郁郁不欢。陆逊看在眼里，知道自己的机会来了。陆逊来见孙权，直接揭发。
吕蒙是在装病！
你代表我去探查清楚。我再来处理。
吴侯派我前来探病。他前次将取荆州的重任托付给您，没想到您竟然生病了。吴侯担心错过时机啊！
陆逊到陆口来见吕蒙。吕蒙继续装病。
贱躯有病，未能远迎，还望海涵。
陆逊的话很重，吕蒙感到了压力扑面而来，但又不知道陆逊到底是何来意。吕蒙哪里知道，陆逊是看中了他的职位了。
我有一个药方，能治好将军您的病。
愿听指教。
将军你根本就没病，之所以称病不出，必然是担心荆州有烽火预警，不能暗中袭取吧！

心理感悟：对于迫切想要出人头地的人来说，打倒现有的权威是一条终南捷径。

吴侯，我是装病以骄慢关羽之心。关羽所担心的，就是我吕蒙啊。我准备辞去都督之位，请吴侯另外差人去陆口防守。关羽就不会再作防备了。这样，荆州就可以到手了。
吕蒙回建业来见孙权。
这个职位，当年周郎保荐了鲁肃，鲁肃保荐了你，你如今打算让谁来接替你呢？
陆逊可以胜任此职。
吕蒙这话可真是给自己脸上贴金。在关羽眼里，江东全是鼠辈，连孙权也不例外。关羽看不起周瑜、鲁肃，又怎么会看得起吕蒙。
周瑜
鲁肃
吕蒙
陆逊不过一介书生，籍籍无名，怎么能担当如此重任呢？
如果任用一个名望显赫的人，关羽必然会小心提防，荆州就夺不回来了。陆逊内藏韬略，却不外露，是最合适的人选。
爷爷！
孙权大喜，当即决定拜陆逊为偏将军、右都督，替代吕蒙守御陆口。陆逊的这次高升来得实在容易，但他上任后做的第一件事就是“装孙子”。

陆逊写了一封书信，命人带着名马、锦缎等礼物，来见关羽。行前陆逊一再交代使者必须在关羽面前装出诚惶诚恐、猥琐不堪的神情。
关羽正在将养箭疮。使者说起吕蒙病危，陆逊代替吕蒙执事。今陆逊上任，特地前来拜见君侯，请君侯多加关照。
陆逊是谁？我怎么没听说过。
小人也不太清楚。陆将军此前好像默默无闻。
孙权真是个见识短浅之人！怎么就用这样一个黄口孺子为将呢？哈哈，荆州从此就稳如泰山了，我还有什么好担忧的呢？哈哈哈……
陆将军久仰君侯您的大名，这次特地送上礼物，请君侯笑纳。万望君侯高抬贵手，两家和好。
关羽拆开陆逊的信一看，里面谀词如潮，顿觉浑身舒坦，不由仰面大笑。关羽这一笑，荆州就已经失了大半。骄傲的人，总是在骄傲的顶点失败。这是一条颠扑不破的世间真理。
关羽当即决定撤去荆州大半兵力，增援樊城。孙权闻讯后，立即拜吕蒙为大都督，总制江东诸路兵马，引大军去取荆州。

吕蒙立即点兵三万，调快船八十只，让水兵全部换上平民百姓的衣服，假扮成商人，其他精兵则潜伏于船中。先发十余只快船，往浔阳江而去，直抵北岸。是谓“白衣渡江”。
白衣不是说衣服的颜色是白的，而是指平民百姓的衣服。当时的官员将士的服装按照职级不同绘有不同的图案，不可僭越。只有老百姓的衣服上什么图案也没有，所以才称为白衣。白者，无也。
东吴健卒抵岸后，关羽设下的烽火台守兵查问。东吴人回答说是客商，因江中风阻到此躲避。守兵丝毫不疑。约至二更，东吴兵将烽火台守兵尽数缚倒，不伤一人。这第一座烽火台一失守，没法发出讯号，后面的烽火台就全部报废失效了。
平安无事!
NO1
NO2
NO3
吕蒙吩咐厚待守兵并向他们讨教取荆州之计，守兵感其恩德，愿意效力，到城门下骗开城门，吴兵长驱直入，不费吹灰之力，就将荆州城拿下!
吴
荆州
吕蒙吩咐手下，决不能滥杀一人，必须秋毫无犯。而且，让所有原任官员，保留旧职。另将关羽家眷单独厚待恩养。吕蒙之所以善待荆州官民，在很大程度上是担心关羽日后反攻清算，故而不敢肆意妄为。但他的谨慎做法却无意为他开启了一扇真正的胜利之门。
胜
利

一日，天下大雨。吕蒙看到有一士卒取了百姓家的一个笠帽，来遮盖自己的铠甲。吕蒙当即喝令左右拿下审讯。一问，却是吕蒙的老乡。
我平生不杀同乡同姓之人，但秋毫不得犯百姓的号令已下，法难容情。只能按律将你斩首！
我知道你并非有意违反军纪，但终究是拿了民间之财物，只能将你斩首了。
我并非有意拿取百姓财物，只是担心铠甲遇水生锈。所以才拿了这一个笠帽。还望将军宽恕。
吕蒙将乡人斩首示众，随后痛哭流涕，将其厚葬。荆州居民，皆深感其德。由此，吕蒙凭借这一颗乡人的人头，收服了荆州人的人心。
吕蒙之所以能轻取荆州，其实并不是靠了他的奇谋秘计。关键在于荆州人的民心所向。烽火台守兵麻痹大意，还是情有可原的。但在被俘之后，吕蒙稍加恩惠，就立即倒戈相向，主动帮助吕蒙打开城门。这是为什么呢？
开门，外婆来啦！

吕蒙要求士兵善待百姓，不得取百姓分毫。然后靠斩杀一个其实罪不当死的乡人，又很快收服了荆州民心。这又是为什么呢？
吕蒙让荆州原有官吏皆掌旧职，难道他们就一点不顾念关羽旧情，甘心情愿为“贼”效力？这是为什么呢？
上述疑问归结为一个问题：关羽在荆州经营了十年，却不及吕蒙一夕之功。这是为什么呢？
1
10
关羽跟过曹操，但没有学会曹操的治军以严。同样，关羽跟刘备最久，但也没有学会刘备的治民以德！
严
德
当年，刘备在新野、樊城被曹操击溃。两城的几十万百姓明知跟着刘备逃不脱曹操的铁蹄，但还是挈妇将雏、拖儿带女，坚决地跟着刘备逃亡。这又是为什么呢？

刘备的仁义，看上去虽然也有些做作，但老百姓再傻，也不会愚蠢到把自己的身家性命全部寄托在一个假仁假义不靠谱的家伙身上。刘备确实是以自己的仁德获得了民心。
仁德
但关羽掌荆州十年，却几乎没有给老百姓留下什么恩惠德义。还记得**互惠原理**吗？如果你对老百姓好，肯定是会有回报的。百姓没有为了关羽而拼死抗击入侵者，足以说明关羽不值得他们回报。
给你！
给你！
现在吕蒙只给了一个小小的“烧饼”，就换来了荆州百姓真心拥护的丰厚回报，更说明关羽此前的群众工作实在是太不到位了。
啊！砸脚啦！
“威”是关羽唯一拥有的解决方案。关羽只有“威”这把锤子，所以，只能把所有的问题当成“钉子”来处理。但“威”猛若火，势不能久；大德如水，润物无声。威而无德，最后必然伤及自身。
由此，吕蒙也发现了关羽最大的软肋，他现在不再害怕关羽的反攻倒算了。他已经知道，荆州这座城池太缺乏治理者的关爱了，只要他自己不在这个方面犯错误，关羽是不可能再攻进来了。

心理感悟：示弱足以克强。

吕蒙取了荆州，孙权大喜，立即赶赴荆州。孙权任命潘浚继续担任荆州的地方长官，又把于禁放归曹操。随后，孙权和吕蒙、陆逊商议，如何对付镇守公安的傅士仁和镇守南郡的糜芳。
虞翻毛遂自荐，说自己可以不费吹灰之力劝说傅士仁来降。虞翻这么说是因为他和傅士仁昔日曾结拜为兄弟，对傅士仁的心理最是了解不过。
虞翻
却说傅士仁，得知荆州失守，吓得立即紧闭城门，坚守不出。虞翻来到城下一看，连动嘴的机会都没有，又怎么能开展说服呢？
……
一般来说，当谈判的通道被切断的时候，谈判是无法进行的。但要真正做到彻底切断谈判通道也是十分困难的。所以，虞翻立即写了一封信，将信射入城中。
守城士兵拾得信后，立即呈送傅士仁。虞翻知道傅士仁一向胆小，只要自己说明利害关系，傅士仁必然心生恐惧而降。
傅士仁

明智的人在祸害还没有发生的时候就加以预防，智慧的人在提前考虑将来的祸患。这次吴侯拿下荆州，烽火台却来不及举火报讯，这是因为我们有内应的缘故。你如果不知道这里面的秘密，却要坚守孤城，那真是不明智的举动啊。如今荆州已失，你这里是死路一条，还能坚持多久呢？不如早早投降，我作为你的故交，还可以在吴侯面前保荐你。现在利害关系已经说给你听了，请你深思。
这封信起了作用。因为这封信确实唤起了傅士仁的恐惧心理。让傅士仁深感恐惧的不是荆州失守，自己独守公安，而是荆州失守对关羽的影响。
傅士仁深知，一旦关羽得知荆州失守，必会暴跳如雷。而一个被坏心情控制的关羽，必然会迁怒于人。
关羽出征前，曾经说过要等他得胜回来一并算账。如今荆州失守，关羽势必会拿自己和糜芳出气。而且，关羽如今是“假节钺”，杀自己不需要任何理由。
假节钺
很多时候，通过唤起恐惧心理的方式比正面讲道理的方式更有效。这也是说服的**外周途径**胜过说服的**中心途径**的又一种表现形式。

班克斯和萨洛维在 1995 年的时候曾经做过一个实验。他们让那些没有做过乳腺 X 光检查的 40 ～ 66 岁妇女观看一个关于乳腺 X 光检查的录像。

这些妇女被分为两组，一组观看的是传达正面积极的信息的录像，强调做乳腺 X 光检查能够帮助及早发现疾病以挽救生命。

一组则接收到具有恐惧意味的信息，强调不去做乳腺 X 光检查会使你付出生命的代价。

结果，被唤起恐惧心理的那一组妇女中有 2/3 的人在 12 个月内去做了乳腺 X 光检查；而另一组的比例则只有 1/2。

虞翻信中的“荆州失守”四个字激发了傅士仁的恐惧。在刘备集团中，关羽无论是能力还是势力都太强大了。只要傅士仁留在刘备集团，就根本没可能摆脱关羽的阴影。

而正好虞翻的信中给傅士仁提供了一种“逃避或脱离恐惧”的可行方案。那就是投降孙权。

心理学的实验表明，只有在让人们意识到威胁的严重性的同时提供一个解决的方法，那么，唤起恐惧心理的信息才会更加具备说服力。

霍华德·莱文索尔做过一项实验。他和助手让学生们阅读关于破伤风危害的宣传册。其中有些册子中含有感染破伤风后的示例图片，有的则没有。

此外，还有些学生被告知注射破伤风疫苗的具体方法，有的则没有被告知。另外，有些学生只接受了怎样注射破伤风疫苗的建议，并不知道感染破伤风的危害。

对这几组学生的跟踪数据显示，那些浏览了破伤风感染后示例图片的学生，在同时获知如何注射破伤风疫苗的具体途径时，会主动去注射以降低对该种疾病的恐惧。

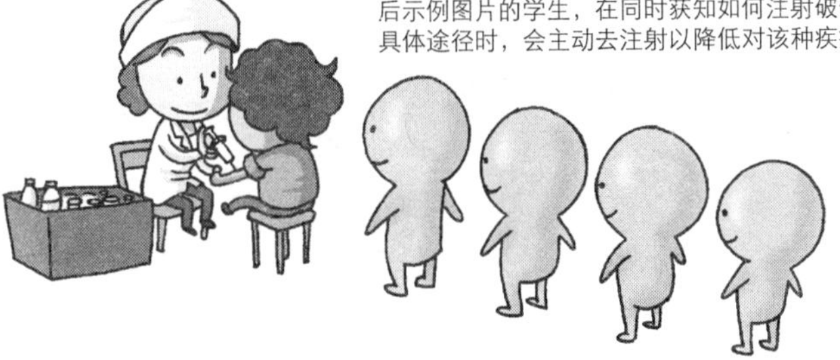

虞翻成功地通过一封信说服了傅士仁。傅士仁带着印绶来见孙权。孙权大喜，当即命他仍然去镇守公安。
傅士仁对孙权的信任及亲和深为感动（这也是一种知觉对比，和关羽的对比）。吕蒙提出，让傅士仁去说服糜芳来降，胜过大动干戈。
从潘浚到傅士仁等人的均被留用，我们看到了孙权信而不疑的博大胸襟，但也更看到了关羽的治理乏力。如果关羽对这些人多少有一些恩德的话，孙权能如此放心大胆任用这些旧人吗？
互惠原理再次发挥作用。傅士仁主动献城，孙权对他好一些也是应该的。但出于对关羽和孙权两人的比较，傅士仁尤其觉得孙权之难能可亲，所以即便是赴汤蹈火，也要为孙权劝降糜芳。
糜芳是刘备的小舅子。虽说刘备连老婆也不在乎，就更不在意小舅子了，但毕竟两人之间有这么一层亲近关系。按常理，糜芳绝对不会被劝服投降，还很有可能将傅士仁绳之以法。

但傅士仁对自己的“患难之交”是非常了解的。因为他们两个人有一个共同的“恐惧源”——关羽。傅士仁见了糜芳，开门见山说自己已经降了孙权，今日特来劝降。
咱们平时累受汉中王深恩，怎么能够投降呢？我不忍心这样做。
还记得关羽出门时说的话吗？他对你我二人痛恨不已，如果得胜回来，尚且不会轻饶我等。更不用说铩羽而归了。必定是要拿我们出气定罪了！
糜芳的话里其实已经透露了内心的隐秘。他只是不忍心，而不是不该这样做。说实话，糜竺、糜芳兄弟跟着刘备，并未因裙带关系得到什么好处。刘备对结义兄弟的好，是远远胜过对老婆以及老婆的兄弟的。所以，糜芳多少是有一些情绪的。
糜芳心里有所触动，但始终没有勇气来背弃刘备。正犹豫间，关羽的传令兵到了。关羽命令傅糜二人押送白米十万石前往樊城。迟误一日，杖罚四十；迟误二日，杖罚八十；迟误三日，立斩不饶。
关羽已经彻底被陆逊的骄兵之计迷惑了。所以才会放心大胆地让傅糜二人脱离防地，押送军粮。但关羽显然对傅糜前次玩忽职守还是念念不忘，所以才会提出极其苛刻的要求。
如今荆州已经失守，军粮如何运得过去？
关羽的苛刻要求正好给了傅士仁一个极好的机会。傅士仁拔剑将传令兵斩杀。
你杀了关羽的使者，那不就是断了我的活路了吗？

心理感悟：恐惧不一定带来逃避，恐惧也可能是一种力量。

曹操这一招非常阴毒。徐晃将荆州失守的消息广为散布，关羽所部军心极为慌乱，被徐晃击败。樊城之围遂解。
关
关羽接到探马流星的讯报，得知荆州果然失守，傅士仁献了公安，又为孙权招降了南郡糜芳。关羽气得箭疮迸裂，昏厥于地。
实际上，关羽的这个判断半对半错。王甫此前劝诫关羽时评价潘濬“多嫉而好利”，这一点和荆州被偷袭没有太大关系。以荆州当时积弊之深、防守之弱，换了他人也未必守得住。
众人急忙将其救醒，关羽一声长叹。
我真后悔当初没有听你的话啊！让潘濬守荆州，果然出了这等大事！
王甫
但东吴得手之后，潘濬为保个人私利，坦然接受孙权安排，继续镇守荆州，对荆州军民的整体心态转变却起了很大的负面导向作用。
吴
如果潘濬宁死不从，孙权方面在攻心战上就不可能如此顺利。在这一点上，关羽所托非人，的确是要负领导责任。从王甫推荐的替代人选赵累后来的表现来看，赵累未必在能力上胜过潘濬，但在对刘备、关羽的忠诚上是无可怀疑的。
潘濬
赵累

沿江设置的烽火台为何没有发挥作用?
吕蒙手下扮作客商渡江，将第一个烽火台的守兵尽数擒了，故而无人报信。
关羽顿足长叹，连称自己中了吕蒙之计。这样的公开承认自己犯错，在关羽是极为罕见的。这也说明，这次荆州之失，确实是对关羽的毁灭性打击。
关羽觉得兄长刘备将荆州重地交付给自己，新近又让自己“假节钺”，自己却辜负了他的重托，实在是无脸回见兄长。
赤壁大败后，曹操用大笑来藐视对手，激励士气。但此刻关羽唯有长叹。两人都是英雄，但面对绝境时的心态却决定了曹操将是一个打不倒的英雄，而关羽则是一个即将走向末路的英雄。
哈哈!
唉!
君侯，如今事情危急，我们可以一面差人去成都求救，一面从旱路去夺回荆州!
赵累
心高气傲者往往非得等到山穷水尽、走投无路时，才会想起求助于人。事到临头，关羽也不得不低头，急派马良、伊籍速去成都求救，并且整顿军马，准备去取荆州。

赵累见关君侯对自己的建言十分欣赏，深受鼓舞，又出了一个主意。却没想到，正是这个主意给了吕蒙可乘之机，让关羽走上了万劫不复的绝路。
君侯，以前吕蒙常常与您书信来往，说要结盟共敌曹贼。今天他却做出了背盟之事。君侯何不差人送信给吕蒙，看他如何应对？
从关羽的角度来说，吕蒙袭取荆州，确实是背盟不义之举。但从东吴的角度来说，此前刘备借荆州而不还，更是失信不义之举。大家是半斤八两而已。
这是一个不折不扣的馊主意。但关羽竟然习惯性地加以采纳，并立即派人执行。**倾向性立场**，非常容易让人看不清全局的真正情势。赵累的想法只是一厢情愿的自我幻想。
倾向性立场
他可真黑！
使者来见吕蒙。吕蒙看了关羽的信。
我以前确实是与关将军结好的。但今日之事，乃是国家所差，不是我个人的事情。我也只是奉命行事。请回报关将军，我并不是背信弃义啊。
吕蒙的这番话不是别人教他的，正是关羽本人教给他的。当年，鲁肃请关羽临江亭相会。鲁肃索讨荆州，关羽也是这样说的："这是兄长刘备所为，和我没有关系。私人聚会，醉后莫谈国事。"
单刀会

鲁肃始终没有讨还荆州，终生郁郁。鲁肃临死之前的托付，吕蒙记忆犹新。所以，今天，他一报还一报，原封不动地将这个理由和借口还给了关羽。
理由
借口
这封信的失败是必然的。但关羽派来的使者给了吕蒙一个觊觎已久的良机。吕蒙盛情款待使者，并将关羽使者到访的消息广为散布。荆州远征将士的家属闻之，纷纷来找使者，嘱托他代传口信，说家中平安、衣食不缺、勿念等等。
关羽此时，又犯了一个重大错误。他明知这是吕蒙涣散己方军心的奸计，却没有强令使者封锁消息，而是当下将使者喝退。
给我退下！
使者自以为带回来了一个天大的好消息，喜滋滋地报告关羽说，君侯家眷以及诸将士家属均各平安。但没想到，关羽听后却勃然大怒。
这是吕蒙的奸计！我一定要杀了吕蒙这个混蛋，方消我心头之恨！
关羽手下诸将纷纷来向使者询问消息。使者不清楚关羽发怒之因，以为不过是习惯性的发作而已，根本没意识到这是吕蒙的攻心战。使者将各家平安、衣食无缺的好消息广为散布。诸将均各安心，但却失去了战斗之心。

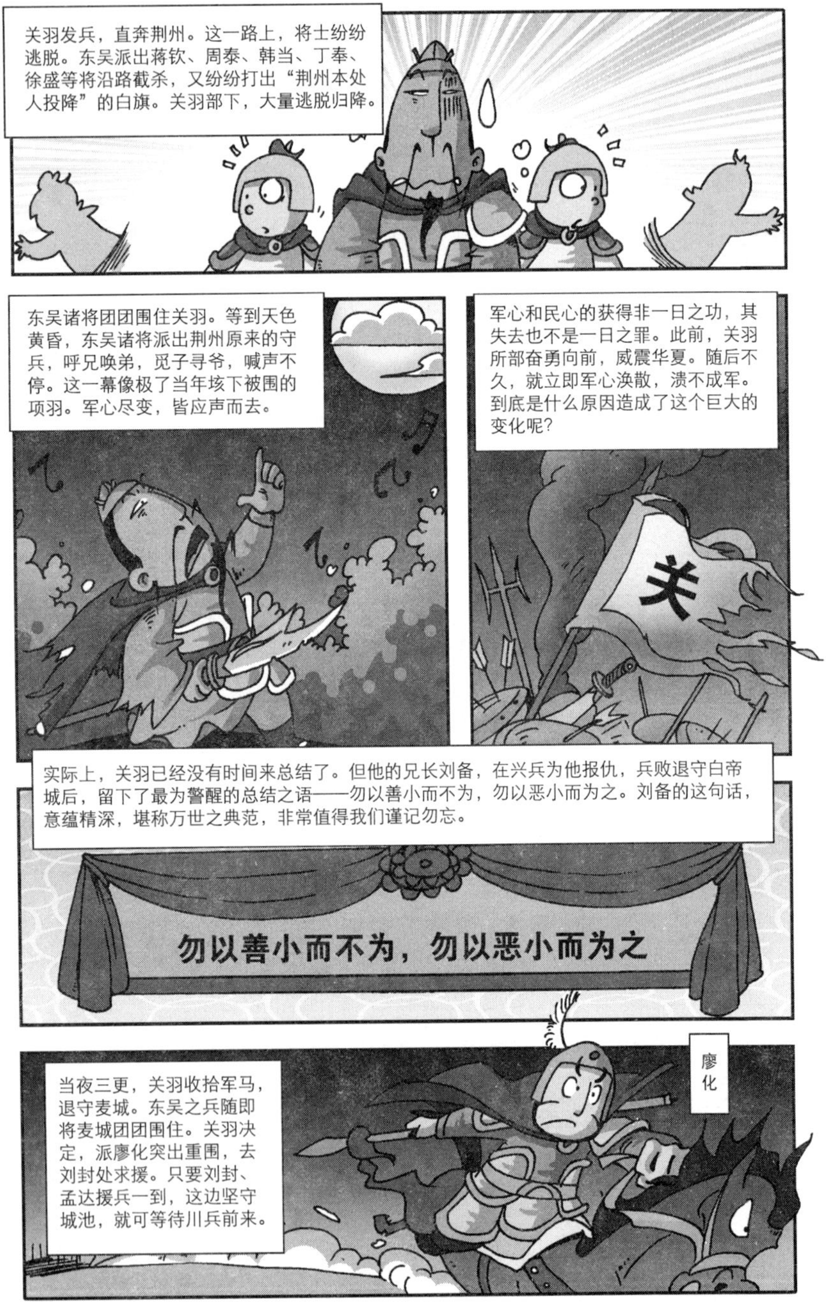
关羽发兵，直奔荆州。这一路上，将士纷纷逃脱。东吴派出蒋钦、周泰、韩当、丁奉、徐盛等将沿路截杀，又纷纷打出“荆州本处人投降”的白旗。关羽部下，大量逃脱归降。
东吴诸将团团围住关羽。等到天色黄昏，东吴诸将派出荆州原来的守兵，呼兄唤弟，觅子寻爷，喊声不停。这一幕像极了当年垓下被围的项羽。军心尽变，皆应声而去。
军心和民心的获得非一日之功，其失去也不是一日之罪。此前，关羽所部奋勇向前，威震华夏。随后不久，就立即军心涣散，溃不成军。到底是什么原因造成了这个巨大的变化呢？
关
实际上，关羽已经没有时间来总结了。但他的兄长刘备，在兴兵为他报仇，兵败退守白帝城后，留下了最为警醒的总结之语——勿以善小而不为，勿以恶小而为之。刘备的这句话，意蕴精深，堪称万世之典范，非常值得我们谨记勿忘。
勿以善小而不为，勿以恶小而为之
当夜三更，关羽收拾军马，退守麦城。东吴之兵随即将麦城团团围住。关羽决定，派廖化突出重围，去刘封处求援。只要刘封、孟达援兵一到，这边坚守城池，就可等待川兵前来。
廖化

心理感悟：失败是疗治傲慢的唯一良方，而且失败的惨烈程度与疗治效果正相关。

情理法的纠葛让刘封决断不下，只好找来孟达商量。刘封如果找孟达之外的任何一人商量，刘封的命运和关羽的命运都会出现转机。但刘封偏偏找了孟达。
老孟。
孟达
刘备之所以能够顺利取得西川，有三个人居功至伟。这就是张松、法正和孟达。这三人原是刘璋手下，若不是他们作为内应，刘备是不可能取得西川的。
张松
法正
孟达的内心失落可想而知。从**互惠原理**来看，刘备应该将孟达奉若上宾，加以重用才对。但刘备对孟达的回报却极不相称，这自然让孟达心中对刘备怨恨不已。
但张松因勾结刘备被刘璋发觉而被处死，只剩下法孟二人。刘备得了西川之后，法正得到刘备重用，飞黄腾达。但孟达却被刘备有意无意间忽略了，最后只能作为刘封的副手来镇守上庸。
孟达可以背叛刘璋，当然也可以背叛刘备。背叛不一定要从外形上表现出来，也可以通过暗中报复得以实现。孟达一直在寻找报复刘备的机会，而今日关羽落难，他和刘备形同一人，报复关羽就等于是报复了刘备。

所以，孟达打定主意要说服刘封不发兵救援。
东吴三四十万精兵都在荆州，麦城乃弹丸之地，关羽哪能守得住？而曹操又亲率大军四五十万，乘虚而来。我上庸这点兵马，哪能和曹孙两家抗衡呢？这无异于是羊入虎口啊！
孟达冷笑一声，决定从**外周途径**下手。
你把关羽当成你的叔父，那么，他有没有把你当成侄子呢？你知道你为什么会远离成都，跑到这个偏僻山城来驻守吗？
孟达的说服是从**中心途径**着手，通过对敌我双方兵力的理性计算，希望刘封打消去救援关羽的念头。但对中国人来说，“情”始终是第一位，**中心途径**的说服往往不能奏效。
可关羽是我叔父，坐视不救，是说不过去的。
无语……
汉中王登位时，准备册立王太子，写信向关羽咨询。关羽勃然大怒说：“立嫡不立庶，这是基本的道理，刘封不过是螟蛉之子，就应该让他离得远远的。”从关羽的这番话来看，关羽哪里是把你当人看哪！
无语……
刘封深知自己不过是个义子，就一直没有觊觎过刘备的继承权。刘备之所以要在立嗣之前四处征求意见，也不过是做做样子。阿斗作为刘备的继承人是板上钉钉的事情。只有关羽把这件事看得很重。
闲人莫坐
书读多了，有时候人也会变得麻木呆板。关羽一直在看《春秋》，见惯了各诸侯国王子为了争夺王位而手足相残的血案，所以，就在内心中形成了对继位之争的刻板印象。

从而，关羽一直对刘备在有了阿斗之后，还收下义子刘封之事耿耿于怀。关羽认为刘备这是自寻烦恼。但刘备还是坚持自己的意见，让关羽很没面子。
爹！
关羽没有考虑到的是，刘封和阿斗之间并不具备平等的竞争性。刘封根本没机会形成自己的势力来兴风作浪。但刘备后来还是听了关羽的话，把刘封逐到上庸这个边远山城来镇守。
孟达成功激起了刘封的报复之心。
你说得很有道理。他不仁在先，就不能怪我不义在后。但廖化如今在这里，又该如何拒绝呢？
你就说，上庸刚刚到手，民心未定，如果兴兵去救关君侯，这里就会失守。汉中王给我的职责就是守好上庸，其他则不是我所需要考虑的。
好！
刘封将这番话说给廖化，廖化拼命以头磕地，苦苦哀求。但刘封硬了心肠。
我这里杯水车薪，廖将军你还是到别处求救吧。
廖化大哭而去，心想，没有借到援兵，再回麦城也是无益，不如就到成都去见汉中王求救。当下，廖化掉转马头，内心充满了对刘封的刻骨怨恨直奔成都。

善因种善果，恶因生恶果。无论是报答，还是报复，都是**互惠原理**的体现。但是，人们往往简单地以牙还牙，却不想自己主动一点，以德报怨，来化解宿怨，新结良缘。
怨
德
就拿刘封来说，尽管关羽此前屡屡对他不利，但如果在这紧急关头，刘封主动施以援手，是不是就能改变关羽对他的看法，从而让自己在刘备集团的处境好过一些呢？
好孩子！
答案应该是肯定的。但是，刘封简单按照镜像反射的应对，又埋下了新一轮的恶报种子。廖化怀恨而去，难道就会这样算了吗？日后一旦有了机会，廖化必然也会对刘封加以报复。
人作为一种具有高度智慧的高级动物，虽不可避免地受到**互惠原理**的约束，但也应该能够有意识地主动摆脱互惠原理的负面效应，率先采取举动，跳出冤冤相报的恶性循环。
报
复
刘
每个人都有自己的利益和立场。孟达和刘封的利益和立场当然是不一样的。孟达表面上是站在刘封的角度分析考虑的，但实质上全部是为实施自己对刘备的报复服务的。刘封、关羽都成了孟达实施报复的工具。

心理感悟：“互惠”这两个字是社会生活的终极密码。

关羽在麦城苦守，日夜盼望上庸救兵来到，但望穿秋水，仍是不见动静。此时关羽手下，只有五六百兵马，且多半带伤。城中又已缺粮，甚是苦楚。
麦城
关羽怎么也想不到，人生无常，短短数日内，自己就从一个极端走到了另一个极端。关羽找赵累、王甫等人商议对策，但除了坚守，没有任何办法。
此时小兵来报，说诸葛瑾在城下求见关君侯。诸葛谨为了荆州，已经多次受到关羽凌辱，但诸葛瑾韧性十足，丝毫没有因此而胆怯。诸葛瑾此来，是奉孙权之命前来劝降关羽的。
孙权为什么会有让关羽投降的念头呢？关羽是世之虎将，对于屡屡被关羽轻视戏弄的孙权来说，如果能让一个高傲的对手拜伏于你的面前，那是何等的畅快啊！
就差没保过我了！
而且，当时曹刘孙鼎足而立，孙权是把自己归为割据天下的顶级人物的，比较对象自然锁定在曹刘两人。既然关羽当年投降过曹操，孙权当然也想体会让关羽归降自己的感觉。
将军您现在只有孤城一座，又能坚守多久呢？俗话说，识时务者为俊杰，将军如降了吴侯，还能够重新镇守荆襄，保全家眷，光宗耀祖，何乐而不为呢？

诸葛瑾说完这番话，是等着关羽大骂的，但这次关羽竟没有动怒。
我关羽得蒙我主公刘备以手足相待，又怎么能够背信弃义而投敌国呢？城池若破，也不过是一死罢了。又有什么可以畏惧的呢？玉可碎而不可改其白，竹可焚而不可毁其节，身虽殒，名可垂于竹帛也。你不用多说了，赶快回去告诉孙权，我要和他决一死战！
关羽说这番话时，十分冷静淡定。关羽始终是一个英雄，尽管他刚刚得知失了荆州后，内心出现了严重的认知不协调，表现出了狂暴的倾向，但他很快就调整好了心态，开始淡然面对自己这一生中最为艰险的时刻！
英雄
吴侯向来是想和您结为秦晋之好的，现在仍然是这样想的。只要你投降了，还是可以同力破曹，共扶汉室。将军何必执迷不悟呢？
关平大怒，拔剑要斩诸葛瑾，被关羽淡淡地喝止，吩咐人将诸葛瑾礼送出城。关羽父子今天刚好掉了个儿。往常都是关羽发怒，关平劝止。这次却刚好相反。当人陷入绝境后，往往和平时的表现大相径庭。
关羽是不可能投降的。当郭嘉这样说的时候，关羽投降了。关羽是有可能投降的，当诸葛瑾这样想的时候，关羽却要决一死战。那么，关羽为什么可以投降曹操，却不会投降孙权呢？
关羽其实是个爱惜生命的人，因为他知道，只有继续活着才可能创造辉煌。所以，他在土山被围时，才会以“降汉不降曹”的名义保全性命。

所以，他在华容道放曹之后，才不会和诸葛亮叫板，而忍辱偷生。
忍
但是，我们不要以为关羽就是个贪生怕死之人。当时的情况是关羽功业未立，所以才忍辱保全有用之躯，以不枉这一生。
留得青山在，不怕没柴烧！
现在情况已大不相同。关羽斩颜良、文丑，过五关斩六将，笑取长沙，单刀赴会，水淹七军，战无不胜，攻无不克，已经享尽辉煌，已经发掘了人生最灿烂的价值。此时此刻，夫复何求？
更重要的是，在关羽心目中，曹操尽管奸诈狡猾，但不失为一个英雄。诸葛亮尽管故弄玄虚，但不失为一个智士。曹操和诸葛亮都有让他服气的地方。所以，他会降曹而忍诸葛。
但在关羽的刻板印象中，东吴人都是鼠辈。而鼠辈和英雄是两个完全对立、没有共同语言的群体，是无法与自己比拟的。投降东吴就等于是极大地降低了自己的层次，和鼠辈同流合污了。

况且，这次东吴靠阴谋诡计诈得荆州，这更加深了关羽对东吴的负面印象，只有鼠辈才会靠这样的手段获胜。尽管关羽对东吴的评价不是那么客观准确，但一个英雄，即使再落魄，也不会投降他心目中的鼠辈的。
降不降？！
关羽检点军马，人数日渐稀少。关羽决定分兵突围，奔回成都，再从长计议。关羽上城观望地形，决定走西北小路突围。
王甫
小路必有埋伏，君侯还是走大路吧。
王甫的判断也是直觉，但他又犯了说服的毛病。对关羽来说，越是危险，越是直迎而上。反之，如果王甫说大路有重兵，也许关羽就会直奔大路而去了。
就算有埋伏，我也不怕！
君侯一路小心。我和手下百余人死守此城。即便城破，也是宁死不降！专望君侯速来救援！
王甫心知自己已经无法说服关羽，只好痛哭道别。
关羽不由热泪奔流，知道王甫是激励自己奋勇求生。关羽引关平、赵累等二百余人，杀出北门。吴兵见了，惧其神威，四下乱窜。

心理感悟：偏见也许是伴随人这一生最久的东西。

孙权闻知关羽父子被擒，大喜，当即聚集众将于帐中，吩咐将关羽绑送至面前。关羽衣甲凌乱，却不羁傲立，嘴角露出一丝淡淡的蔑笑。
松绑是一个程式化的劝降动作，一般由该组织的最高领导者来完成。这也是示惠的一种方式。孙权尽管抱有让关羽投降的想法，但却没有给关羽松绑，因为他心中有几句话压抑了很久，必须当面说给被绑着的关羽听。
好舒服！
我早就仰慕将军您的盛名，一直想和您结为秦晋之好，你为什么总是嫌弃我呢？您向来自以为天下无敌，今天怎么又被我擒住了呢？你今天是不是对我孙权服气了呢？
孙权这三句话，在心里不知默默念叨了几百遍，今天终于有机会释放出来，顿觉快意无比。
你这个碧眼小儿，紫髯鼠辈！我今天中了你的奸计，赴死而已，让我对你服气，根本就是不可能的！

孙权也不生气。这是一个胜利者伴随着志得意满而自然流露出来的高姿态。
云长是天下的豪杰之士，我实在是爱惜不已。我今天想要厚厚赏他，宽宥他，你们觉得怎么样啊？
关羽是不可能投降孙权的。“承诺——一致”最终是要起作用的。桃园结义，名闻天下。关羽已经违背过一次，最后付出超越常规的努力和艰辛才力挽狂澜，回归正常。经过这一个波折，这个承诺的约束力反而愈发强劲。这一次，面对他心目中的“鼠辈”，“投降”二字，关羽连想都不会想。
降
一致
承诺
投
吴侯，这是行不通的。当年曹操得到此人，三日一小宴，五日一大宴，上马金，下马银，爵封汉寿亭侯，赏赐美女十数人。如此恩养，还是留他不住。
左咸
其后过五关、斩六将，曹操还是怜其才而不忍除之。留至今日，则养虎遗患，曹操被他逼得差点要迁都。吴侯，你觉得自己能做得比曹操还好吗？
你说得有道理。
孙权当下急命左右将关羽父子推出斩首。关羽这一生外在的显赫、辉煌与起落，就此凝固。关羽这一生内心的割裂、煎熬和挣扎，就此结束。
关

如果人生中可能有很多次成功，那么就尽力去争取；如果人生中必须有一次失败，那么就在最辉煌的巅峰坠落。这是世界上最壮美的失败。关羽做到了！
关羽死后，赤兔马被赐于马忠，数日不食草料而死。
王甫、周仓得知讯息后，王甫坠城而死，周仓自刎而死。自杀是当希望灭绝后的一种应激反应。周仓和王甫，其实并不是想死，他们只是不知道，没有了关羽，又该如何去活。
麦城
关羽死了，但如何处理他的死，却成了孙权的一个老大难问题。这时，张昭从建业而来，一听说孙权杀了关羽，连称“糟糕”！
糟糕！
一个人要犯点错误是容易的，但要一辈子总是犯错误就不容易了。而最不容易的则是：尽管一辈子都在犯错误，但主上对其还是信任有加，言听计从。这样的人，三国里只有一个。他就是张昭，孙权最为倚重的谋士。
张昭牌

主公，您杀了关羽，可就惹下大麻烦了。刘关张三人桃园结义，誓同生死。如果刘备起倾国之兵来为关羽报仇，您该如何抵挡呢？
孙权惊出一身冷汗，急求计于张昭。张昭对刘备的判断是正确的，但他的应对之策就显得很低级了。
张昭想出来的是“嫁祸曹操”之计，派人将关羽的首级送呈曹操，以图昭告天下，东吴之所以夺取荆州是奉了曹操之命，孙权之所以杀了关羽，也是奉了曹操之命。
但曹操有那么傻吗？张昭的馊主意反倒给了曹操一个做好人的机会。曹操立即命人以香木雕刻成躯体，配上关羽的首级，以大臣之礼厚葬。
曹操的意图也很明显，也是要昭告天下，我对关羽向来是优待的。杀关羽是东吴孙权的事，刘备如果要报仇，还是去找孙权吧。
被告
被告
回头再说蜀中。荆州的动态，诸葛亮并非一无所知。早在关羽恶语拒绝了孙权提亲之时，诸葛亮已经知道消息。但他只是说了一句“荆州危矣！可使人替回关羽”。

这个判断是正确的，但诸葛亮也只是说说而已，并未采取任何措施。这可以说是诸葛亮失职的地方之一。当然，替换关羽的难度和阻力可能是非常大的。但至少诸葛亮应该引起警觉，在辅助人员的安排上加以调配补充。
太平报
荆州日报
关羽死后，刘备自觉浑身肉颤，心神不宁，夜间梦见关羽现身，哭泣不已。这也是一种神秘的直觉和预感。刘备向诸葛亮询问，请他解梦。诸葛亮却只是轻描淡写地加以抚慰。
诸葛亮告辞出宫，在中门外遇见太傅许靖。
刚才有机密来报，东吴吕蒙已经取了荆州，关羽父子尽已殒命。
许靖
唉，我夜观天象，见将星已经陨落在荆楚之地，我早已预知云长已经罹难了。只是担心主上忧虑，不敢明言。昨夜汉中王做了一个梦，也是此意。我也只是善言宽慰，恐怕伤了他的心啊。
诸葛亮的这番说法，属于典型的事后聪明。俗语“事后诸葛亮”或即来源于此。
我算到你的头受伤了！
葛亮神算

“9 · 11”事件发生后，从那天清晨开始回溯，劫难必然将要发生的例证突然就异常明晰起来。

一份美国参议院的调查报告列出了很多此前被人忽视的“明显线索”。CIA 知道基地组织的爪牙已经潜入了美国境内。一个 FBI 情报员给总部的备忘录上警告说：“联邦调查局和纽约市：本 · 拉登可能会将学生送到美国参加民办航空院校的联合行动。”

但 FBI 忽视了这份准确的预警，也没有把它和其他预见恐怖分子可能会使用飞机进行攻击的报告联系在一起。

事后看来，当时的决策者是如此的愚蠢，以至于连如此明显的预警信号都没有重视。但其实这不过是事后聪明罢了。在事前的时候，几乎没有人能够看出这些预警情报混杂在成千上万的甚至是截然相反的信息中有什么明显突出之处。

道森在 1988 年做过的一个实验得出这样的结论：当内科医生通过解剖得知病人的症状与死因后，就会质疑，自己的同行怎么会作出如此不正确的诊断？而其他那些只得知症状的内科医生则并没有觉得诊断的错误有多么明显。

诸葛亮为什么要在许靖汇报了关羽的死讯后才大胆说出自己夜观天象，早已知晓呢？为什么他没有在事前就告知他人以及立即采取措施，飞速增援呢？
事后看来，一切脉络都是清晰可辨的。但是，当局者迷，在事情发生的时候，要看清一切并非那么容易。
当然，诸葛亮这么说，除了维护自己先知先觉、一贯正确的权威形象外，还有其他的目的。如果诸葛亮真的具备夜观天象的技能，那么是应该能够预先看出将星将陨的。
没有流星。
此前，刘表的谋士蒯越就通过夜观天象看到将星将陨，应验在孙坚身上。后来孙坚果然死于乱箭之下。
孙坚
蒯越
责任在你！
依此类推，诸葛亮也应该预先知道关羽将死。但他没有先说出来，而是等到关羽死后才通过天象之说来宣示关羽之死，表明这实乃天意，与人无干。这样，他也就不用负什么责任了。
否则，关羽将死而未死，尚属有救。刘备一旦得知，必要诸葛亮拼死相救。如救援失败，则刘备必要追究诸葛亮事先失察和不作为的责任。

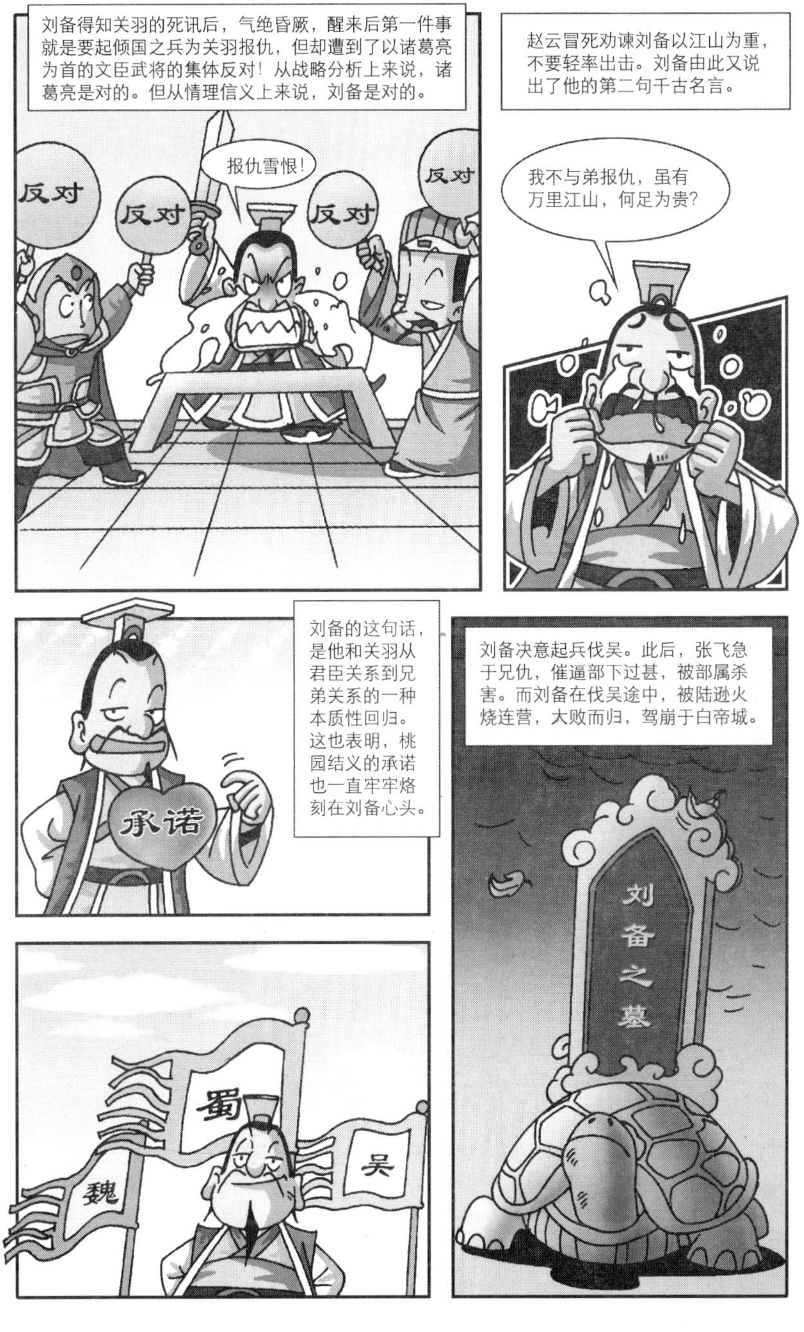
刘备得知关羽的死讯后，气绝昏厥，醒来后第一件事就是要起倾国之兵为关羽报仇，但却遭到了以诸葛亮为首的文臣武将的集体反对！从战略分析上来说，诸葛亮是对的。但从情理信义上来说，刘备是对的。
反对
反对
报仇雪恨！
反对
反对
赵云冒死劝谏刘备以江山为重，不要轻率出击。刘备由此又说出了他的第二句千古名言。
我不与弟报仇，虽有万里江山，何足为贵？
刘备的这句话，是他和关羽从君臣关系到兄弟关系的一种本质性回归。这也表明，桃园结义的承诺也一直牢牢烙刻在刘备心头。
承诺
蜀
魏
吴
刘备决意起兵伐吴。此后，张飞急于兄仇，催逼部下过甚，被部属杀害。而刘备在伐吴途中，被陆逊火烧连营，大败而归，驾崩于白帝城。
刘备之墓

三兄弟盟誓的时候，曾经许愿同年同月同日死，他们没有在具体日期上做到，但却在精神内涵上做到了。而**“承诺——一致”**最看重的就是内涵！由此，刘关张这个从**“承诺——一致”**开始的故事，也在**“承诺——一致”**中画上了一个完整的句号。
历史是别人过往生活的总和。无论怎样穿越时空，历史终将结束，而我们自己的生活还将继续。最重要的是，我们要明白，生活是正着来活，却是倒过来理解的。只有倒着去理解历史，我们正着的生活才能少走弯路，更加舒畅。
心理感悟：人生不可图一时之快，但人一生中至少要有一次图一时之快。

图书在版编目（CIP）数据

忠义保证前途：向关羽学习跟什么样的领导干. 下 / 陈禹安 著；苏凝 绘. —北京：东方出版社，2012.8
ISBN 978-7-5060-5132-3

Ⅰ. ①忠… Ⅱ. ①陈… ②苏… Ⅲ. ①关羽（160～219）—人物研究 ②社会心理学—通俗读物 Ⅳ. ①K825.2 ②C912.6-49

中国版本图书馆CIP数据核字（2012）第173488号

忠义保证前途：向关羽学习跟什么样的领导干（下）
（ZHONGYI BAOZHENG QIANTU）

作　　者：陈禹安 著 苏 凝 绘
责任编辑：申 浩
出　　版：东方出版社
发　　行：人民东方出版传媒有限公司
地　　址：北京市东城区朝阳门内大街166号
邮政编码：100706
印　　刷：三河市金泰源印装厂
版　　次：2012年8月第1版
印　　次：2012年8月第1次印刷
印　　数：1—6 000册
开　　本：880毫米×1230毫米 1/32
印　　张：7.125
字　　数：150千字
书　　号：ISBN 978-7-5060-5132-3
定　　价：28.00元
发行电话：（010）65210059 65210060 65210062 65210063